Autoestima
para todos

María Angélica Verduzco Álvarez Icaza
Adriana Moreno López

EDITORIAL
PAX MÉXICO

ஐ ૠ

COORDINACIÓN EDITORIAL: Matilde Schoenfeld
ILUSTRACIONES: Adriana Moreno López
PORTADA: Víctor M. Santos Gally

© 2001 Editorial Pax México, Librería Carlos Cesarman, S.A.
      Av. Cuauhtémoc 1430
      Col. Santa Cruz Atoyac
      México D.F. 03310
      Teléfono: 5605 7677
      Fax: 5605 7600
      Correo electrónico: editorialpax@editorialpax.com
      Página web: www.editorialpax.com

ISBN 968-860-467-4
Reservados todos los derechos
Impreso en México / *Printed in Mexico*

Índice

Sé indulgente contigo mismo y lo serás con los demás.

Proverbio chino

Este es un libro para ser escrito, más que para ser leído. Aquí tú vas a ser el protagonista porque contendrá todo lo que has sido, lo que eres y deseas ser. Conforme vayas avanzando te darás cuenta de que podrás reescribir y cambiar tu historia en la medida en que lo desees; que eres el único que está en posibilidad de hacerlo.

Introducción

En los últimos años se han escrito muchos libros de este tipo. Autoestima es un término del que hemos oído hablar con frecuencia como sinónimo de sentirnos a gusto de ser como somos, de tener seguridad y de estar bien plantados en el mundo.

Muchos también dicen que nuestra autoestima determina la actitud con la que vamos a presentarnos ante los demás y de que entre mejor sea, mejores resultados obtendremos en lo que nos propongamos hacer.

Oímos, además, que matiza todo lo que hacemos y sentimos porque de ella depende el valor que le asignamos a nuestro trabajo. Así, cuando la autoestima *es alta* apreciamos lo que hacemos y con una baja autoestima lo que realizamos carece de valor.

Todos coincidimos en que es muy importante y que la necesitamos para mejorar la calidad de nuestras vidas, porque entre mejor relación tengamos con nosotros mismos, mejor actitud tendremos hacia los demás y hacia la vida.

En la práctica clínica observamos que la falta de una adecuada autoestima es la principal fuente de sufrimiento en personas que, al no sentirse a gusto consigo mismas, se desaniman y bloquean sus intentos de actuar, hasta el punto de llegar a paralizarse sintiendo una total desesperanza.

En cambio, aquellas que van adquiriendo confianza en sí mismas, poco a poco cambian su vida y la relación que llevan con otras personas haciéndola más productiva, viviendo más felices y en armonía.

Pero, ¿qué podemos hacer para mejorar o incrementar nuestra autoestima?

Lo primero que necesitamos es empeñarnos en lograrlo, ya que no es algo que cambie por si sola solamente con el paso del tiempo. Requerimos de un compromiso personal para trabajar en ella y querer alcanzar un mejor estado de equilibrio.

Existen innumerables técnicas para enseñarnos que somos personas valiosas y que podemos sentirnos bien con lo que somos. Sin embargo, aunque las hayamos puesto en práctica, muchos de nuestros intentos se pueden quedar a nivel intelectual sin que obtengamos sus beneficios.

Porque esto sólo lo conseguiremos si logramos tener la vivencia, cuando lleguemos a sentir que tenemos valor por lo que somos desde nuestra propio punto de vista, como resultado del análisis, la reflexión y valoración personal.

El término **vivencia** no sólo quiere decir que reconocemos que valemos porque ya nos lo han dicho muchas veces, nos lo repiten infinitamente otras personas o nosotros mismos (sin que realmente lo creamos), sino porque sentimos, incorporamos y aceptamos como válidas las experiencias que nos lo confirman en cada uno de los hechos de la vida diaria. Que internamente nos podamos dar por satisfechos con lo que hacemos y no nos critiquemos por lo que no estuvo bien, dejando de lado u olvidando nuestros desaciertos.

Para lograr esto tenemos que caminar por un camino difícil que requerirá por un lado, de un intenso trabajo de reflexión personal, de análizar de quiénes somos y cómo ha sido nuestra vida y por el otro, utilizar al máximo nuestras cualidades para compensar nuestras debilidades.

Únicamente de esta manera podremos ir modificando paulatinamente la imagen que tenemos de nosotros mismos, para evitar caer en el error de tener una imagen estereotipada que nos limita e impide ver lo que realmente somos.

Con éste propósito, en cada apartado presentamos una serie de ejercicios que son una guía para que podamos hacer este análisis, examinando paso a paso las vivencias más importantes de nuestra historia personal y el último capítulo contiene una serie de actividades que tienen como objetivo reforzar cada uno de los temas que trabajamos a lo largo del proceso.

El libro está ideado para que al escribir nos imaginemos que hablamos con un buen amigo que nos escucha sin criticarnos, que entiende nuestro punto de vista y que nos apoya cuando le compartimos nuestros sentimientos más íntimos. Todo lo que expresemos se convertirá en un espejo que reflejará lo que somos porque al escribir sobre nosotros mismos podremos comprender nuestro punto de vista como si fuéramos una persona que lo ve desde fuera, llegar a conclusiones nuevas que a lo mejor ni siquiera nos imaginábamos y darnos cuenta de que la imagen que tenemos de nosotros, lo que pensamos que somos, se formó hace muchos años, y que desde entonces no la hemos modificado a pesar de haber aprendido nuevas ideas y de tener más experiencias.

Después de conocernos un poco más, será nuestra decisión conservar el concepto que tenemos de nosotros de cuando éramos pequeños o modificarlo para nuestro beneficio.

La vida está en cambio continuo y necesitamos ir ajustando nuestras ideas con nuestras acciones. Entre más actualizada esté nuestra imagen con lo que somos podremos enfrentarnos mejor a los obstáculos que se nos presentan, y cada vez que logremos salir adelante nos sentiremos fortalecidos. Por el contrario, el que no cambia en un mundo en movimiento no sólo no avanza sino que cada vez se rezaga más.

El cambio necesariamente implica tiempo porque no lo podemos hacer de la noche a la mañana, ni tampoco ordenándonos pensar o actuar de una manera diferente a partir de un

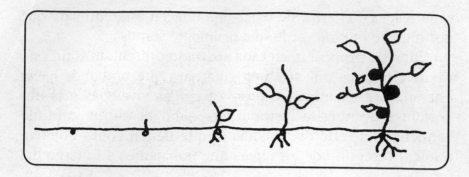

momento determinado. Tiempo y perseverancia es lo que requerimos. Es difícil, pero a la larga cosecharemos los frutos.

Otro de los beneficios que obtendremos es que conociendo nuestras potencialidades podremos además plantearnos metas que sean más acordes con nosotros, sin tener que cumplir expectativas de otras personas. De esta manera, llegaremos a tener logros que nos hagan sentir mejor y más orgulloso de nosotros mismos.

Si nos resulta difícil hacerlo solos, también podemos compartir nuestras ideas y sentimientos con alguna persona de confianza, siempre y cuando nos estime y apoye. Sin embargo, si trabajar solo o con algún amigo no es suficiente o nos genera sentimientos que no podemos manejar **es recomendable buscar ayuda profesional.**

PARTE 1

¿Qué es la autoestima?

La autoestima es, básicamente, una evaluación que hacemos de nosotros mismos.

Para llegar a una conclusión sobre lo que somos, generalmente tomamos en cuenta nuestras características y las revisamos a la luz de lo que nos gustaría ser. A partir de ahí decidimos cuán valiosas son las partes que nos integran y cuán valiosos somos.

Posteriormente esta evaluación se vuelve como una lupa con filtro de color a través del cual pasamos todas nuestras cualidades y defectos, que tiñe todo de aspectos positivos o ne-

gativos, según la visión que tengamos de nosotros. Cada una de estas categorías tiene características propias que le dan un enfoque diferente a la vida.

La autoestima alta pinta nuestra visión de un color claro, positivo y optimista; en cambio *la autoestima baja* tiñe de oscuro, negativo y pesimista todo lo que vemos.

1

A continuación exponemos las principales diferencias entre una autoestima alta y una autoestima baja. Marca con una cruz las características que reconozcas como propias y evalúa hacia dónde se inclina tu balanza:

Autoestima alta

☑ Mi valor se basa en mi forma de ser más que en mis logros.

☑ Mido mis habilidades sin compararme con otras personas.

☐ Reconozco y acepto mis habilidades y debilidades.

☐ Al solucionar problemas me guío por mis propias ideas.

☐ Tomo en cuenta las opiniones de los otros pero finalmente tomo la decisión que considero adecuada.

☐ Acepto la crítica como una opinión externa sin sentirme herido en lo más profundo de mi ser.

☐ Puedo decir que sí o no y aceptar que los demás hagan lo mismo ante las situaciones que se me presentan.

☐ Soy considerado conmigo mismo y si me equivoco no me lo reprocho constantemente.

☐ Aprendo de mis errores y remedio mis fallas.

☐ Me siento capaz de enfrentar los obstáculos que se presentan en mi vida.

☐ Los retos me estimulan a trabajar más para lograr mis objetivos.

☐ Mis metas están de acuerdo a lo que considero que puedo hacer.

☐ Sentirme bien es tan importante como lograr lo que me propongo.

☐ Me enfrento a los problemas con decisión.

☐ Acepto la responsabilidad de mis actos, tanto positivos como negativos.

☐ Las actitudes de los demás tienen poca influencia sobre mi estado de ánimo.

☐ Cuando tengo problemas los enfrento en vez de lamentarme.

Autoestima baja

☐ Busco ser querido y aceptado sólo por mis habilidades y no por quien soy.

☐ Me mido en relación a otros (a quienes generalmente considero más aptos o mejores) y por lo mismo me siento en desventaja.

☐ Considero sin valor mi forma de ser, mis habilidades o mis logros y exagero mis fallas.

☐ Me guío por lo que otros puedan decirme en lugar de oír mis propias ideas.

☐ Pienso que los demás son siempre los que tienen la razón y no le doy crédito a lo que pienso o siento.

☐ Siento la crítica como un completo rechazo a mi persona en lugar de enfocarme al objeto de la crítica.

☐ Invento excusas para disculparme en vez de decir abiertamente si quiero algo o no.

☐ Me reprocho constantemente por mis errores.

☐ Siento que necesito ser perfecto y no cometer errores para que los demás me acepten.

☐ Me siento incapaz de hacer algo por mí mismo y pienso que sólo con ayuda de otros puedo lograr hacer algo.

☐ Evito tomar riesgos nuevos por miedo a fracasar.

☐ Busco grandes retos para destacar o me voy al otro extremo y no intento hacer nada.

☐ Trato de alcanzar grandes logros, incluso desproporcionados de acuerdo con mis capacidades, aunque esto implique olvidarme de mi bienestar interno.

☐ Dejo los problemas sin resolver y lamento tenerlos.

☐ Critico o culpo a otros para cubrir mis fallas.

☐ Me hieren con facilidad las actitudes de los demás.

☐ Continuamente me estoy compadeciendo por mis desgracias y me siento víctima de las circunstancias.

Marca si la mayor parte de tus respuestas cayeron en autoestima:

Alta ☒
Baja ☐

La diferencia principal entre una autoestima alta y una baja radica en que con una *autoestima alta* tenemos una *actitud activa ante la vida.* Esto implica tener ganas de enfrentar nuestros problemas y de buscar soluciones escuchando nuestras ideas para tener una vida mejor. Implica también atrevernos a actuar y a aceptar la responsabilidad de tomar decisiones tanto positivas como negativas.

En cambio con una *autoestima baja* tomamos una *actitud pasiva,* no tenemos ganas de enfrentar problemas sino todo lo contrario, los evadimos porque nos sentimos incapaces de lograr algo.

Como nos sentimos siempre observados y criticados buscamos depender de otros para solucionar nuestros problemas y no equivocarnos. Todos nuestros intentos para sentirnos seguros en este sentido harán que nuestra vida poco a poco gire alrededor de alguien más para poder sobrevivir.

Si conseguimos que otras personas nos den las soluciones,

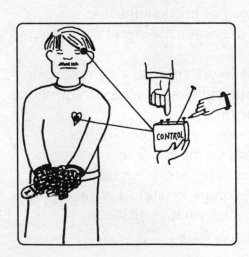

ellas lo harán desde su punto de vista sin tomar plena conciencia de nuestra realidad. Y aún cuando nos quitemos la responsabilidad de la toma de decisiones al poder culparlos en caso de que no funcionen, también nos privaremos del gozo de los logros que hayamos obtenido porque nunca podremos integrarlos como propios.

Esto nos convierte automáticamente en personas que viven la vida como *víctimas,* en esclavos de otros, de quienes dependemos porque nuestro destino no está en nuestras manos sino en las de los demás y lo único que podemos hacer cuando no nos sentimos bien es quejarnos de nuestra mala suerte pero sin hacer nada para remediarlo.

Como dice el dicho, *sale peor el remedio que la enfermedad.*

Si queremos tener una autoestima alta necesitamos tomar el control de nuestra vida, saber que podemos hacer modificaciones para lograr lo que siempre hemos anhelado.

¿Cómo se forma la autoestima?

Desde los primeros años, en nuestra familia fuimos recibiendo mensajes de las personas que nos rodearon, mensajes tanto en palabras como con actitudes que nos decían claramente si éramos aceptados o no, si éramos queridos y si lo que hacíamos era bien recibido.

Después fueron los amigos o compañeros los que se encargaron de darnos un lugar en el grupo y de mandarnos señales de qué tan aceptados éramos en las situaciones cotidianas, como por ejemplo, si éramos de los que escogían para formar parte de un equipo o de los que siempre rechazaban y eran objeto de burla.

Finalmente, a lo largo de nuestra vida, cuando nos evaluamos en relación a lo que queremos lograr o en relación a las personas que conocemos, llegamos a conclusiones sobre nosotros mismos y sobre el valor que tienen nuestras cualidades.

Si tenemos las características apropiadas para lo que queremos o que son bien vistas en nuestro medio, y además hemos sido apoyados en nuestro desarrollo, podemos estar contentos porque será fácil tener una buena autoestima. Es el caso de una persona que pertenece a una familia de deportistas y nace con habilidad para un deporte determinado; como consecuencia podrá valorar adecuadamente estas cualidades.

En caso contrario, cuando alguien tiene habilidades artísticas en un medio donde se valora lo intelectual, aunque quiera destacar seguramente los comentarios acerca de su actividad serán poco motivantes. Entonces puede llegar a conclusiones negativas sobre sí misma y tener una baja autoestima porque sus características no fueron lo suficientemente valoradas, ni por los demás ni por ella misma, al no tener el apoyo adecuado. Muchas veces ni siquiera sabemos que tenemos otras habilidades porque nadie nos lo ha hecho notar o porque no hemos tenido la oportunidad para desarrollarlas.

¿Qué necesitamos para mejorar nuestra autoestima?

Si nos encontramos en el grupo de personas que tienen una baja autoestima necesitamos disponer de un gran empeño para reconocer y apreciar nuestras cualidades, porque constantemente tendremos que luchar contra las voces internas que tantas veces hemos escuchado y que nos dicen lo negativo que tenemos.

Para lograrlo necesitamos empezar por:

• Dedicar tiempo
• Ser honestos con nosotros mismos
• Hacer un trabajo individual
• Estar dispuestos a cambiar las ideas predeterminadas que tenemos sobre nosotros
• Actuar
• Tener paciencia y constancia
• Empezar

Dedicar tiempo

Así como invertimos tiempo en diferentes actividades, tenemos que destinar tiempo a trabajar en nosotros mismos.

Para pensar y analizar nuestras ideas necesitamos dedicación y perseverancia. Cuando utilizamos un periodo para mejorar en lo que nos interesa, por ejemplo en aprender a escribir, lo logramos; pero si no nos dedicamos a hacerlo no sólo no avanzamos, sino que nos quedamos atrás porque habrá otras personas que se hayan adelantado para lograr ese objetivo. Lo que sucede cuando insistimos en trabajar para avanzar es que, aunque sea en pequeños logros, se nota el empeño que hemos realizado.

Como dijimos antes, esto no es algo que se haga en un rato o en un día, tenemos que trabajar diario. Por ejemplo, yo me puedo comer un bolillo diario los 365 días del año; pero no me puedo comer los 365 bolillos en un día. Y es más importante que me nutra con un bolillo cada día a esperar a comer pastel sólo un día de fiesta. En otras palabras, tenemos que hacer las cosas poco a poco, no podemos con todo en un día. Porque es más importante trabajar y resolver cosas día con día a tener una sola jornada de mucho trabajo.

Cuando no podemos dedicar tiempo para nosotros mismos nuestra autoestima está muy baja porque esto quiere decir que no nos damos la suficiente importancia como para merecernos un momento, aunque sea corto.

Al estar solos y en contacto con nuestro ser, encontramos los elementos que necesitamos para guiar nuestra vida después de revisar lo que hemos hecho, las decisiones que hemos tomado y experimentar las emociones que nos han acompañado. Podemos identificar nuestras necesidades, y constatar si lo que pensamos de nosotros mismos es lo que realmente somos en ese momento.

Esto nos ayudará a encontrar la mejor forma de dejar de depender de la opinión que otras personas tienen de nosotros, dejar de sentirnos víctimas de las situaciones y tener un papel más activo en el control de nuestra vida. Todos tenemos la llave dentro que nos abrirá la puerta a lo que realmente somos.

Ser honestos con nosotros mismos

Podemos engañar a cualquiera menos a nosotros mismos. Si realmente queremos avanzar en el autoconocimiento necesitamos ser honestos al revisar los momentos que han marcado nuestra forma de ser, aunque algunos hayan sido dolorosos. No hacerlo es como ir al doctor porque nos duele la cabeza y, al llegar, decirle que lo que nos molesta es el estómago vanagloriándonos porque lo engañamos; eso no sirve de nada.

Crecer interiormente implica dejar de engañarnos, ver cuáles son nuestras habilidades y flaquezas, nuestros sentimientos, lo que hacemos bien y en dónde necesitamos mejorar, al igual que conocer cuál es nuestra responsabilidad en lo que nos ha sucedido en la vida.

Si nos atrevemos a vernos como somos encontraremos que tenemos muchas cualidades positivas que nos darán fuerza y nos ayudarán a tener satisfacciones para seguir adelante.

Hacer un trabajo individual

Reflexionar sobre nosotros mismos es una de las acciones de la vida que solamente nosotros podemos hacer y en la que nadie nos puede reemplazar.

Nadie ha vivido ni sentido lo que nosotros. Incluso en una misma familia todos tienen vivencias diferentes, y las relaciones cambian dependiendo de sí se trata de uno u otro de sus miembros. En consecuencia, ciertamente podemos encontrar a alguien que nos entienda o nos apoye, pero verá desde su punto de vista lo que le contemos. Si bien esto es valioso porque nos enriquece, también en ocasiones constituye una barrera porque sólo es una aproximación y no la realidad.

No debemos de olvidar que lo que hagamos de nuestras vidas, bien o mal, a quien va a afectar es a nosotros y por lo tanto, el trabajo que tenemos que hacer es individual.

Estar dispuestos a cambiar las ideas predeterminadas que tenemos sobre nosotros

Desde niños nos formamos un concepto acerca de cómo somos que refleja el punto de vista de los adultos que nos rodearon. Generalmente conservamos las ideas con las que crecimos a lo largo de la vida, y pueden pasar muchos años sin que las revisemos ni actualicemos, quedándonos con la imagen que teníamos cuando éramos pequeños. Seguramente como adultos necesitamos hacer algunos ajustes a esa imagen. Ya hemos conocido a otras personas, aprendido ideas nuevas y tenido experiencias muy variadas que nos han hecho ser personas diferentes, con más habilidades y más maduras.

Si nos damos la oportunidad y nos atrevemos a revisar esas ideas veremos que podemos dejar algunas de ellas para formar una nueva imagen que contenga todas las nuevas destrezas adquiridas y que refleje lo que ahora somos.

Actuar

No basta con saber cómo somos, para cambiar necesitamos atrevernos a actuar, a hacer lo que siempre hemos querido pero que no nos hemos atrevido porque pensábamos que "para eso no servíamos", a decir lo que no habíamos dicho por miedo y a sentir lo que tanto tiempo hemos tratado de olvidar.

Necesitamos también aprender nuevas formas de ser y de relacionarnos con las personas, intentar conocer algo nuevo que quizá nunca se nos ocurrió que nos podría interesar simplemente porque no lo conocíamos.

Debemos confiar en que todos tenemos algo especial que podemos hacer y aportar a los demás. Si todavía no lo conocemos necesitamos descubrirlo.

Tener paciencia y constancia

Cambiar la forma de ser y de actuar que hemos tenido por años lleva tiempo porque implica cambiar las ideas que han guiado, justificado y mantenido nuestro comportamiento. No podemos asimilar nuevos conceptos en un día porque hay que aceptarlos e integrarlos como propios.

Observaremos que nuestros problemas giran sobre un tema central visto desde muy diferentes perspectivas y relacionado con diferentes personas. A veces avanzaremos y a veces volveremos a caer en lo mismo, pero lo importante es no desanimarnos y reconocer que podemos equivocarnos y aprender de nuestros errores. Si buscamos en la parte más profunda de nuestro ser seguramente encontraremos las respuestas que buscamos.

Empezar

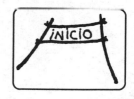

Mientras no comencemos a hacer estos cambios vamos a estar exactamente igual. Si no empezamos algún día, nunca vamos a terminar. Los primeros pasos nos darán la fuerza, la motivación necesaria y la seguridad para seguir adelante. Aún cuando sean pequeños, siempre son los que preparan el terreno para lo que viene porque nos van dando la oportunidad de aprender, corregir errores, de tratar gente nueva y encontrar en dónde nos sentimos bien.

PARTE 2

¿Cómo desarrollar nuestra autoestima?

Existen siete áreas en las que podemos trabajar para desarrollarnos internamente. Éstas son:

- Seguridad

- Aceptación

- Respeto

- Límites

- Sentimientos

- Valores

- Habilidades personales

Seguridad

Una de las necesidades básicas del hombre es sentirse seguro. La seguridad es la confianza de estar a salvo de peligros y no es lo mismo que la autoestima.

Todas las personas basamos nuestra seguridad en diferentes aspectos. Algunas la obtenemos al estar cerca de ciertas personas, otras al tener objetos materiales, unas más al realizar proyectos, al tener una gran cantidad de actividades o al estar en algún lugar determinado.

Pero cuando hablamos de la parte emocional de cada uno, la única seguridad que realmente nos hace sentir bien y nos da tranquilidad viene del interior de nosotros como resultado de la congruencia entre lo que somos, lo que hacemos y la imagen que proyectamos al exterior.

Nada puede hacernos sentir más seguros que estar en paz y en armonía con nosotros, por lo que en la medida en que alcancemos este estado tendremos más seguridad. El único camino para lograrlo sigue siendo esforzarnos y trabajar para conseguirlo.

༻ ✳ ༺

Si nos falta seguridad y tenemos *baja autoestima* podemos tomar dos posiciones:

- Declararnos incapaces
- Fingir que tenemos una seguridad de la que carecemos

Declararnos incapaces

Cuando nos declaramos incapaces necesitamos basar nuestra seguridad en
alguien que controle nuestras vidas,
con la ilusión de que esa persona nos
pueda dar afecto y apoyo. Esta situación es muy precaria porque paradóji-
camente, sólo nos da intranquilidad.
Muchas personas vivimos ese estado
emocional que se origina al estar pen-
dientes del menor indicio de desaprobación o enojo del otro, cumpliendo
cada una de sus demandas para no ser
rechazados y siendo fácil presa de la manipulación.

Todos conocemos casos en los que una persona permite
condiciones inaceptables con tal de que alguien le siga proporcionando seguridad o que tiene la ilusión de obtenerla a
cambio de ser humillada, ridiculizada o de tener responsabilidades injustas, sin atreverse a reclamarle a quien se aprove-
cha de ella.

Ante tales situaciones, como reacción natural podemos vol-
vernos muy perfeccionistas para no ser atacados, tratando de
ajustar lo que hacemos a las expectativas de los demás, cre-
yendo erróneamente que solamente siendo "perfectos" sere-
mos aceptados y queridos. Podemos incluso distorsionar nuestra historia, nuestras relaciones, nuestros defectos u otra
situación que pueda alterar la imagen que queremos dar.

❧

Es de notarse que, por alguna razón, cuando tenemos *baja
autoestima*, aunque haya personas que nos brindan su afecto,
nos interesamos más por las que no lo hacen, como si para
sentirnos bien tuviéramos que superar ese rechazo.

Es como si tuviéramos un imán que atrae la crítica y la desaprobación; como si éste fuera un terreno conocido de situaciones ante las cuales sabemos de antemano cómo reaccionar.

Si hacemos todo lo que esté a nuestro alcance, incluso sacrificar nuestra vida, para satisfacer expectativas ajenas, nos sentiremos muy mal al momento de compararnos con personas que pueden vivir de una manera auténtica e independiente.

No hay que olvidar que con quien vamos a vivir todo el tiempo es con nosotros mismos y que con los demás sólo estaremos algunas veces. Así que necesitamos procurarnos una vida que sea más acorde a nosotros mismos.

Si tenemos *alta autoestima* no nos prestamos a ese tipo de vínculos en donde uno está a merced del otro. Buscamos las relaciones que son más igualitarias, donde podemos dar, recibir o compartir con la seguridad de que vamos a ser aceptados por lo que somos y *no por lo que el otro desea de nosotros*.

No estaremos preocupados por perder a alguien porque nuestro bienestar interno no depende de la aprobación de la otra persona.

Fingir que tenemos una seguridad de la que carecemos

Cuando tenemos baja autoestima pero no queremos que se note, podemos fingir que somos seguros, engañando a los demás y a nosotros mismos.

Cuando empezamos a fingir con un "secretito", después vamos a necesitar de otro secreto para cubrirlo y ese otro necesitará de uno más grande para taparlo también. Así se sucederán uno tras otro los secretos, cubriéndose unos a otros y mostrando al final a alguien completamente diferente de lo que somos.

Dicen que para fingir necesitamos una memoria extraordinaria porque sin ella no nos podemos acordar de lo que hemos dicho, ni nos volveremos a acordar de cómo éramos antes de la primera mentira, llegando inclusive con el tiempo a pensar que somos lo que representamos ante los demás.

Esta forma de actuar cubre lo que no nos gusta o lo que pensamos que no aprueban los otros. Es curioso que lo que queremos tapar porque nos avergüenza, como los pensamientos, sentimientos o miedos que para nosotros son muy importantes, para los demás pueden no tener ningún valor y ni siquiera valdría la pena mantenerlos ocultos.

Muchas veces vemos a una persona insegura que parece muy dueña de la situación, pero a la larga su actuación falla porque su seguridad no viene de dentro. Por ejemplo, un vendedor que es inseguro puede mostrarse muy seguro interpretando su papel siempre y cuando no le critiquen el producto que vende. Por lo tanto, si alguien critica su mercancía empezará a titubear. Quien lo haya visto antes de ser criticado dirá que es muy seguro, en cambio quien lo vio después dirá que no lo es. De cualquier manera, el vendedor no pudo mantener su seguridad simplemente porque no la tenía.

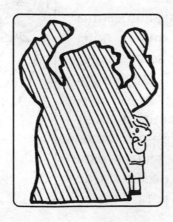

Tratar de aparentar seguridad sin ser seguro internamente es como lo que se hace con algunos inmuebles que están dañados y que para ser rentados o vendidos son reparados haciéndolos parecer como una construcción nueva.

Cada uno es su propio inmueble y a lo largo de la vida va formando las paredes, colocando tabiques que son sus experiencias.

Algunos tienen mucho cuidado de que los muros queden muy firmes y constantemente los revisan porque para ellos esto es lo más importante. Otros en cambio sólo se preocupan de que el acabado dé una buena impresión al exterior, aunque lo de adentro no esté sólido.

Tomando el ejemplo anterior, para estar bien emocionalmente cada uno de nosotros tiene dos opciones:

1. Trabajar para asimilar las experiencias internamente y así tener una estructura fuerte y ser una personas segura; reparar estructuralmente todo lo que las experiencias negativas hayan dañado. Hay un refrán que dice: "no se puede descuidar la raíz sin descuidar el tronco, las ramas y los frutos".

2. Tratar de tapar por tiempo indefinido lo que nos daña; reparar parcialmente nuestras experiencias negativas buscando lo que nos pueda alejar de ellas o hacerlas olvidar; y mantener hacia el exterior una fachada impecable para que nadie se dé cuenta de lo que nos aqueja.

Cuando sólo nos preocupamos de mantener una imagen hacia el exterior y ponemos resanes o capas de pintura, funcionamos con una personalidad falsa.

Así podemos fingir un amor o una indiferencia que no sentimos, presentarnos como más de lo que somos o como seres indefensos cuando en realidad somos manipuladores. Podemos también pretender poseer información que no tenemos o unirnos a ciertas creencias para gozar de aceptación porque no queremos perder la imagen y el control que hemos conseguido.

⌒◦✦◦⌒

Cuando tenemos una *autoestima alta* no necesitamos aparentar lo que no somos porque nos presentamos con nuestras cualidades y defectos sin temor a no ser aceptados. Nuestra seguridad sólo depende de nosotros mismos.

⌒◦✦◦⌒

Si las circunstancias nos llevaron a sentirnos menos de lo que somos y a declararnos incapaces es un momento excelente para revalorarnos y llevar una vida más plena y feliz. Siempre es tiempo de trabajar para desarrollar nuestra autoestima. Cada quien necesita encontrar el momento para abrir puertas que nos ha dado miedo abrir: quizá no tengan nada malo dentro o, puede ser que, lo que está oculto ya no vale siquiera la pena mantenerlo así.

Si escogimos presentarnos como más de lo que somos también podemos revisar y reconocer que es posible remediar nuestras fallas en lugar de taparlas; conociéndolas podremos trabajar en ellas.

Cuando hagamos esto nuestra estructura será más firme porque incluiremos en ella la totalidad de nuestro ser y no sólo lo que otros aprueben. Esto nos ayudará a enfrentar las dificultades que se nos presenten ya que tendremos todos nuestros recursos disponibles.

Entonces podemos decidir cuál de las dos opciones queremos escoger: vivir de una manera auténtica o tapando nuestra inseguridad.

No debemos olvidar que simplemente por ser como somos podemos ser queridos, respetados y aceptados. No necesitamos más que ser, y sólo por ese hecho somos ya valiosos.

Ejercicios:

1. ¿Te sientes seguro?   Sí ☑   No ☐

2. ¿Eres igual cuando estás con tu familia que cuando estás con tus amigos?   Sí ☑   No ☐

3. ¿Con quién te sientes seguro?

_____

4. ¿Qué es lo que esa persona dice o hace para que te sientas seguro?

_____

5. Enumera sus características y marca las que te gustaría tener.

_____

_____

_____

_____

_____

6. Menciona cómo te comportas cuando te sientes seguro y cómo te comportas cuando te sientes inseguro. En la última columna trata de encontrar algunas acciones que puedes cambiar para sentirte seguro aún cuando estés en situaciones difíciles.

Mi comportamiento cuando me siento seguro es:	Mi comportamiento cuando me siento inseguro es:	¿Qué puedo cambiar?

7. En el siguiente cuadro tacha en la columna izquierda el área en que te sientes más inseguro y en la derecha escribe las acciones específicas que tendrías que llevar a cabo para sentirte más seguro.

¿En qué área me siento más inseguro?	¿Qué puedo hacer para sentirme mejor?
( ) Con mi cuerpo, mi apariencia	
( ) Con mi inteligencia	
( ) Con mis sentimientos	
( ) En mi trabajo	
( ) Con mi familia	
( ) Otros	

8. Cuando tratas de dar seguridad a otros, ¿qué es lo que haces?

_____

_____

9. ¿Cómo podrías darte esa seguridad a ti mismo?

_____

_____

10. ¿Qué objetos materiales te hacen sentir seguro? ¿Qué es lo que pueden sustituir?

_____

_____

11. ¿Qué actividad te hace sentir seguro?

_____

_____

12. ¿En qué lugar te has sentido seguro desde tu niñez hasta los últimos años? Anota qué edad tenías.

Lugar	Edad que tenía

Después de haber realizado este ejercicio podremos detectar las principales áreas en las que nos sentimos inseguros; quién nos da seguridad, qué es lo que hacemos para procurárnosla y a través de quién o de qué acción lo hacemos.

Con esta conciencia, podremos buscar aquellos lugares en donde nos hemos sentido bien, tratar de comportarnos como si estuviéramos seguros en los lugares en donde no lo estamos y buscar acciones específicas para sentirnos mejor en las áreas en las que nos sentimos mal, que es donde tenemos que trabajar más.

La idea es observar las habilidades y recursos que manifestamos cuando estamos en un ambiente en donde nos sentimos seguros para tratar de utilizar esos recursos cuando estamos en un ambiente en donde no lo estamos. Se trata de darnos la oportunidad de utilizar las cualidades que tenemos y que por temor no manifestamos. Si somos capaces de darle seguridad a otra persona también nos la podemos dar y repetir lo que hacemos por los demás en nosotros mismos.

Aceptación

Como dijimos antes, desde los primeros años empezamos a tener una idea de cómo somos a través de lo que nos decían las personas que nos rodeaban cuando éramos niños, entre las cuales influyeron de manera muy especial nuestros padres, después los amigos y compañeros.

Los mensajes que recibimos nos dieron una imagen de lo que somos, pero como de niños no teníamos la capacidad de preguntarnos si lo que nos decían era cierto y si realmente correspondía a nuestra manera de ser, integramos esas imágenes tanto positivas como negativas como una parte de nosotros, considerándolas verdaderas.

Esta primera idea de cómo somos es tan fuerte que a lo largo de la vida tratamos de conservarla, no obstante que hayamos cambiado o de que las situaciones y las personas con las que nos encontramos nos indiquen lo contrario.

Es de llamar la atención que muchas personas, a pesar de que han conseguido triunfos, desarrollado habilidades y destrezas o incluso obtenido trabajos importantes, se sigan sintiendo como los niños indefensos que les dijeron o hicieron sentir que eran.

Las ideas que tenemos son muy importantes porque determinan nuestro comportamiento ya que *actuamos de acuerdo con lo que pensamos que somos, aunque esto pueda no corresponder a la realidad.*

Por ejemplo, alguien puede creer que es muy débil porque siempre le dijeron que así era y porque fue tratado de esa

25

manera. Como esta idea forma parte de esa persona, ella actuará mostrando muy poco carácter aunque en realidad sea lo contrario. Si pudiera cambiar la idea que tiene y sentirse fuerte, seguramente su manera de comportarse cambiaría y tomaría en cuenta todos los detalles que le indican que es fuerte para conformar su criterio.

No obstante, hay que tener cuidado al cambiar nuestros pensamientos por otros más positivos, no vayamos a caer en el extremo de creer que solamente pensando positivamente vamos a lograr lo que nos proponemos sin que esto esté acompañado de un trabajo paralelo.

ᏟᴥᏅ

Si lo que hemos percibido a lo largo de la vida nos lleva a tener una *autoestima alta,* los pensamientos con los que nos calificamos son positivos: nos consideramos valiosos, inteligentes o simpáticos; conocemos exactamente cuáles son nuestras cualidades y las utilizamos sin que esto nos provoque ningún malestar. Estos pensamientos nos ayudan a enfrentarnos a nuestros problemas con la seguridad de que podemos triunfar.

El orgullo y la arrogancia muchas veces se pueden confundir con una autoestima alta. Sin embargo, denotan lo contrario porque la carencia de un buen concepto de sí hace que se exagere el valor que la persona se da. Una característica llevada a ese extremo únicamente confirma lo que dice el refrán: "dime de qué presumes y te diré de qué careces".

ᏟᴥᏅ

Por otro lado, si la evaluación que hacemos de nosotros a partir de nuestras experiencias es negativa, entonces nuestra *autoestima es baja* y los pensamientos que tenemos de nosotros son igualmente negativos. Por ejemplo, podemos evaluarnos y sentirnos torpes, tontos o buenos para nada. Esto seguramente bloqueará cualquier intento que tengamos de llevar a cabo cualquier acción por miedo a comprobar que lo que pensamos es cierto y que lo vamos a corroborar.

c—*—o

Son dos las características principales de la autoestima baja:

- Tener pensamientos negativos sobre uno mismo
- Tratar de comportarnos de acuerdo a las expectativas de otras personas

Tener pensamientos negativos sobre uno mismo

Tener pensamientos negativos hacia nosotros es, como decíamos al principio, parecido a traer un filtro que tiñe todo lo que somos y hacemos con un color obscuro. Esto nos lleva a experimentar las situaciones de manera negativa aunque algunas veces ni siquiera lo sean.

Por ejemplo, si consideramos que somos una persona poco importante, cuando lleguemos a una reunión y el anfitrión no nos pueda saludar, vamos a comprobar que no somos importantes, aunque la causa de que no nos haya saludado sea que estaba contestando una llamada telefónica. Así una situación que no tenía importancia la vamos a considerar negativa para nosotros.

Otro caso es el de un niño que esté acostumbrado a ser maltratado y a sentir que no lo quieren en su casa. Cada vez que en la escuela su maestra no pueda darle el material que quiere por alguna razón, por estar atendiendo a otros niños, inmediatamente él pensará que ella no lo quiere.

En estos dos ejemplos se ve claramente que la idea que se busca comprobar en cualquier detalle, cuando tenemos una baja autoestima, es la que previamente teníamos, como no ser importante para nadie o no ser valioso ni digno de afecto.

Cuando estamos en esta situación captamos todos los mensajes negativos de nuestro alrededor e ignoramos los positivos, aunque estos sean más numerosos. Incluso podemos llegar al dxextremo de que aunque captemos los mensajes positivos tengamos una gran resistencia a incorporarlos como propios, y únicamente se queden como una opinión externa que de casualidad surgió o que se dio porque la persona no nos conocía lo suficiente.

Si nos atrevemos a observar sin prejuicios, veremos que muchas situaciones las deformamos porque de antemano pensamos que van a resultar mal. En pocas palabras, *todo depende del cristal con el que uno mira*".

Tenemos la habilidad de comprobar lo negativo; démonos la oportunidad de comprobar lo positivo

Un ejemplo de esto es el de dos amigas que fueron a comer a un restaurante; una con alta autoestima y por lo tanto con un enfoque de la vida optimista, y otra que tiende a tener pensamientos negativos sobre sí misma, y en consecuencia es pesimista. Cada una dio una versión completamente diferente de su experiencia, sintiendo que tenía la razón.

Los hechos fueron los siguientes: llegaron a comer y no había mesa, esperaron un rato y después les consiguieron una cerca de donde había una parrilla y les llegaba humo. El mesero preguntó varias veces si estaban bien.

La amiga optimista al salir dijo que todo había estado muy bien, que inmediatamente consiguieron lugar a pesar de que había mucha gente, que la comida estuvo deliciosa y el ambiente agradable. Tomó en cuenta todos los detalles que consideró que alegraron el momento.

En cambio, la pesimista se lamentó de su mala suerte por varios detalles que no le gustaron, pero que a la otra le pasaron inadvertidos, como fue esperar un tiempo largo por la mesa, el humo que llegaba y le molestaba al comer, así como el ruido de tantas personas.

De aquí se desprende que tenemos la capacidad de comprobar lo que pensamos, y por lo tanto, si tenemos la habilidad de comprobar lo negativo, entonces podemos también darnos la oportunidad de intentar comprobar lo positivo, ver el mundo desde una perspectiva más agradable para nosotros y hacernos más ligera la vida.

De tal manera que, para mejorar nuestra autoestima necesitamos revisar todas esas imágenes que tenemos en nuestro interior, nuestras partes positivas y negativas, para poder aceptarlas o cambiarlas de acuerdo a cómo se ajustan a la situación actual.

Tratar de comportarnos de acuerdo con las experiencias de otras personas

Hay quien siempre se mide en relación a lo que "debería de hacer", de acuerdo a los parámetros de otras personas. Esto es muy común cuando se tiene una autoestima baja.

La palabra "debería" engloba el conjunto de normas e ideas que pensamos que tenemos que cumplir para ser aceptados. Nos acostumbramos desde niños a actuar de acuerdo a lo que aprobaban o rechazaban las personas adultas que estuvieron a cargo de nuestro cuidado y así nos comportamos en la vida adulta.

Muchas veces actuamos en relación con lo que pensamos que los demás están esperando y para poder cumplirlo tenemos que apegar estrictamente a esos parámetros, negando muchas veces partes de nosotros. Cuando lo hacemos nos convertimos en personas completamente diferentes a lo que somos al no poder utilizar nuestras potencialidades para ser como otros esperan.

De esta forma dejamos a un lado las partes esenciales que nos dan fuerza, nos distinguen y nos hacen únicos para adaptarnos a expectativas ajenas.

Tener las reglas claras del "debería", sólo es útil cuando están bien establecidas y para tener lineamientos estables, siempre y cuando no nos invaliden.

Sin embargo, cuando la autoestima es baja esto resulta muy atractivo, aún llevándolo al extremo, porque proporciona una gran seguridad saber qué se espera de nosotros. Esto explica la causa por la que muchas personas no pueden vivir sin reglas aun cuando se vean sofocadas por ellas.

Cuando hay demasiados "debería" que cumplir, la situación se vuelve muy limitante porque impide el crecimiento y el estar en contacto con las propias necesidades. Desarrollar nuestras habilidades implica más responsabilidad, inseguridad y riesgo pero, por otro lado, también genera mayores satisfacciones.

Para empezar a construir parámetros que estén más de acuerdo a nuestra forma de ser necesitamos conocernos, aceptar nuestras habilidades y flaquezas, saber hasta dónde podemos llegar, qué es lo que hacemos mejor o nos cuesta trabajo y en qué somos únicos.

Otra cuestión fundamental es estar seguros de que no vamos a ser rechazados por no depender de otros y saber que somos lo suficientemente fuertes como para enfrentar nuestros problemas.

Para cambiar podemos empezar por nuestros pensamientos, ya que al hacerlo transformamos nuestra forma de evaluarnos y podemos sentirnos mejor.

Para revisar los pensamientos con los que nos definimos es necesario:

Analizar

 Nuestra historia y ver cómo hemos vivido para comprender las circunstancias que nos han llevado a ser como somos y a actuar como lo hemos hecho, y desde ahí constatar si la imagen que tenemos de nosotros corresponde a lo que somos.

Establecer

 Si hemos vivido en función de lo que deseamos ser o de anhelos o expectativas ajenas, buscando los "debería" y los "quiero" de nuestra vida.

Revisar

Cuáles de nuestras características han sido calificadas a través del tiempo como positivas o negativas. Es muy importante conocer que el valor de positivo o negativo lo ponemos nosotros según los valores que hemos aprendido en el ambiente en el que nos hemos desarrollado; que nada es absolutamente positivo o negativo y por lo tanto, estos valores son relativos.

Hay características, incluso las catalogadas como muy positivas, que en un momento dado pueden convertirse en negativas. Por ejemplo, un maestro que es líder puede convencer a grupos enteros de su manera de pensar y pasar como alguien muy valioso; pero su círculo de amigos lo puede considerar como alguien demasiado dogmático y entonces rechazarlo. Toda cualidad llevada a su extremo puede convertirse en un defecto.

Determinar

Si realmente queremos ser diferentes a lo que somos y por ello tratamos de dar otra imagen. Mostrarnos como alguien diferente a lo que somos genera el temor constante de ser descubiertos, o de que no seamos lo que queremos ser porque corremos el peligro de que la opinión que otros tienen de nosotros sea afectada.

Muchas veces, para no caer en actitudes que no van de acuerdo a la imagen que queremos dar y no hacer patentes nuestros defectos nos criticamos internamente y evitamos expresarnos. Por ejemplo, si una persona sabe que no es bien recibida en un ambiente porque se hace la graciosa, entonces antes de hablar piensa: "me van a criticar, mejor no abro la boca" y se hace pasar como el más serio de la fiesta aunque no lo sea.

Revisar

Si vivimos en función de otros para conseguir su aprobación. A veces tratamos de hacer algo para ser aceptados sin acordarnos de que lo que vale es ser y no hacer.
Una persona vale por sí misma por el simple hecho de ser, independientemente de lo que hace. Si no nos consideramos suficientemente valiosos únicamente por ser personas y por lo que somos, entonces comenzamos a hacer muchas cosas para ser valorados y respetados por lo que hacemos.

Es como si pintáramos con un rodillo nuestra fachada (nuestra vida) para tapar el vacío interior. Sentimos que valemos por el puesto que tenemos, por la gran cantidad de actividades en las que estamos involucrados o por hacer cada vez mejor las cosas y hasta nos volvemos esclavos del trabajo. Pero aunque cada día hagamos más, si tenemos un vacío en nuestro interior nada podrá ser suficiente para llenarlo.

Observar

Si nuestros pensamientos sobre nosotros son positivos o negativos. Debemos enfrentar las experiencias con una mentalidad

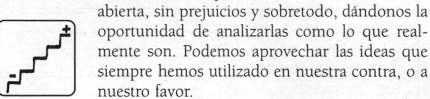

abierta, sin prejuicios y sobretodo, dándonos la oportunidad de analizarlas como lo que realmente son. Podemos aprovechar las ideas que siempre hemos utilizado en nuestra contra, o a nuestro favor.

Al enfocar nuestros pensamientos de una manera más positiva (sin caer en el extremo de pensar sólo sin actuar) encontraremos experiencias positivas que se irán eslabonando en una cadena. Cada vez que alcancemos una experiencia positiva será como subir un escalón que nos pondrá más cerca del siguiente y nos dará la fuerza para buscar otra nueva vivencia y así sucesivamente, hasta que al final este tipo de experiencias nos lleven a tener una alta autoestima.

Ejercicios:

1. Haz una historia de tu vida anotando los sucesos más importantes para ti y escribe de qué manera crees que tus experiencias produjeron cambios en ti. Tómate tu tiempo porque entre más minucioso hagas este análisis, te entenderás mejor.

Mis primeros 10 años _____

_____

_____

_____

_____

_____

_____

_____

_____

_____

De los 11 a los 20 _____

_____

_____

_____

_____

_____

_____

_____

_____

_____

De los 21 a los 30 _____

_____

_____

_____

_____

_____

_____

_____

_____

_____

_____

De los 30 a los 40_____

_____

_____

_____

_____

_____

_____

_____

_____

_____

De los 40 a 60_____

_____

_____

_____

_____

_____

_____

_____

_____

_____

_____

_____

2. En las diferentes etapas que acabas de revisar menciona las principales decisiones que tomaste, aquellas que cambiaron tu vida, y anota las ventajas y desventajas que tuviste como consecuencia de ellas.

Decisión	Ventaja	Desventaja

3. En el siguiente cuadro escribe en la columna de la izquierda todas las cosas que te dijeron que "deberías" de hacer. En la columna de la derecha marca con una paloma las que tú quieres hacer y compáralas.

Debo	Quiero

4. Después de revisar tu historia (que escribiste en el ejercicio 1) haz una lista de lo que te hubiera gustado hacer y no hiciste. Marca con una paloma lo que sí hubieras podido hacer y con un tache lo que no hubieras podido hacer.

_____ ☐

_____ ☐

_____ ☐

_____ ☐

_____ ☐

_____ ☐

_____ ☐

5. En la columna de la izquierda haz una lista con tus características que consideras positivas y en la de la derecha anota si en alguna situación esa característica te ha traído problemas o se ha vuelto negativa. Entre más escribas, de más ayuda te será este ejercicio.

Característica positiva	Situación en la que se volvió negativa

6. En la columna de la izquierda haz una lista con tus características que consideras negativas y en la de la derecha anota si en alguna situación esa característica te ha traído beneficios o se ha vuelto positiva. Entre más escribas más te servirá este ejercicio.

Característica negativa	Situación en la que se volvió positiva

7. ¿Obtienes algún beneficio por tener las características que describes como negativas?
¿Cuál es?_____

_____

8. Ahora imagínate que de pronto todo lo que describiste como negativo se convierte en lo contrario. ¿Cómo te sentirías?_____

_____

9. Imagina qué podrías hacer con esas nuevas características positivas que describiste en la pregunta anterior.

_____

_____

10. ¿Cuáles son las áreas en las que te sientes más fuerte y
cómo puede ayudarte lo anterior para cambiar lo que no
te gusta de ti?

_____

_____

11. En la columna de la izquierda haz una lista de los pensamientos negativos que tienes sobre ti mismo y en la de
la derecha escribe con qué pensamientos positivos los
podrías cambiar.

Pensamientos negativos	Pensamientos positivos

Respeto

Se define como una actitud de consideración hacia las personas. Si nos respetamos a nosotros mismos, podremos pedir respeto y respetar a los demás.

Para lograr respetarnos, el primer paso es no criticarnos. Si continuamente estamos en nuestra contra debilitamos nuestra estructura, de tal manera que podemos llegar a paralizarnos.

Si somos severos con nosotros de la misma manera vamos a ser estrictos con otras personas pero, sobre todo, sentiremos que los otros son igualmente críticos hacia nuestra persona y estableceremos un círculo vicioso. Como resultado, nos volvemos víctimas de lo que imaginamos que los otros dicen.

Cuando más nos criticamos es cuando nos equivocamos, entonces nos hacemos los mismos reproches que oímos de labios de las personas que nos educaron; lo que nos repetían nuestros padres, compañeros o hermanos si no les parecía lo que hacíamos. Todo eso se quedó grabado dentro de nosotros como un disco y lo activamos cada vez que sentimos que hacemos algo mal.

Con una *autoestima baja* este disco se activa todo el tiempo, aun sin darnos cuenta. Antes de hacer algo y fallar ya nos estamos diciendo que no podemos o que no vamos a tener éxito.

¿Cómo nos comportaríamos si fuéramos nuestro mejor abogado y pudiéramos contestar a esas voces internas que continuamente nos están juzgando y prediciendo lo peor para nosotros? Sería de gran ayuda poder defendernos de esas voces, dejar de oírlas y en su lugar nos pudiéramos decir que lo que hacemos o cómo lo hacemos es digno de respeto.

Todos podemos cambiar esa crítica interna que nos limita, lastima e impide nuestro desarrollo porque tenemos derecho a equivocarnos y a aprender de la experiencia. Sólo si trabajamos y nos empeñamos en lograrlo podremos mejorar nuestra autoestima.

El respeto y la validación que nos demos son la base para cambiar. Validarnos quiere decir que:

No nos criticamos. Porque damos por hecho que actuamos lo mejor que podemos con los elementos que tenemos en ese momento y que si nos equivocamos podemos tratar de hacerlo mejor la siguiente vez.

Consideramos que nuestros pensamientos y sentimientos son dignos de respeto. Por lo mismo, cuando los expresamos no los censuramos sino al contrario, tomamos el tiempo necesario para escucharlos porque son ellos los que nos van a permitir estar en contacto con nuestras necesidades. Solamente si las conocemos vamos a poder satisfacerlas.

De niños necesitamos siempre de la aprobación externa para sentirnos bien, pero de adultos esta aceptación tiene que venir de nosotros mismos, de acuerdo a los valores, metas y objetivos que tengamos.

Si nos respetamos como personas, nos queremos, valoramos y no nos criticamos por lo que decimos o hacemos. De tal manera que nos sentiremos seguros y también vamos a poder pedirle a los demás que nos respeten.

Podemos, entonces empezar por darnos la oportunidad de ser nosotros mismos cuando estemos ante los demás, sin tener miedo a la crítica.

Nuestra seguridad dependerá básicamente de que aceptemos nuestras ideas y sentimientos, no de que los aprueben otras personas o de la opinión que ellas tengan de nosotros.

Si respetamos nuestras necesidades y aceptamos cómo somos podremos basar nuestra confianza en todas nuestras potencialidades y responder con la totalidad de lo que somos. Necesitaremos repetirnos una y otra vez que somos dignos de respeto hasta que lleguemos a sentirlo y a ponerlo en práctica.

Después de lograrlo podremos exigir respeto de parte de los otros y nunca más volveremos a permitir estar en el lugar de víctimas.

Ejercicios:

1. ¿De niño te sentiste respetado?   Sí ☐   No ☐

2. ¿Qué aprendiste en tu familia en relación al respeto? Escribe exactamente las palabras que te decían.

_____

_____

_____

_____

3. ¿Qué es lo que más te criticas?

_____

_____

_____

¿Te podría ayudar en tu aceptación si incorporas en tu personalidad alguno de los aspectos que te criticas?

¿Cómo los podrías integrar?

_____

_____

4. ¿Qué es lo que más criticas en otras personas?

_____

_____

¿Compartes con ellas algunas de esas características?

_____

_____

¿Cómo podrías incorporar algunos de estos aspectos en tu vida?

_____

_____

5. La crítica que más nos llega y daña es la que coincide con aquellos aspectos de nuestra vida en los que no nos sentimos seguros. Anota algo que te hayan dicho y observa si coincide con lo que piensas de ti.

_____

_____

_____

_____

6. ¿Qué te dices cuando te equivocas?
En vez de criticarte, ¿de qué otra forma te puedes decir lo que no te gusta?

¿Qué me digo?	¿De qué otra forma me lo puedo decir?

7. Lo que me digo indica que me tengo respeto.
Sí ☐   No ☐

8. ¿En qué te debes respetar más a ti mismo y en qué debes de exigir más respeto por parte de otras personas?

¿En qué debo de respetarme más a mi mismo?	¿En qué debo de exigir más respeto por parte de otras personas?

9. ¿Has pedido claramente respeto?   Sí ☐   No ☐

10. ¿Qué haces cuando no puedes conseguir que te respeten?

_____

_____

11. ¿Qué puedes hacer para respetarte más y que te respeten?

_____

_____

12. ¿Quién es la persona que más te escucha y respeta? Marca qué características tiene.

¿Se concentra en lo que le digo?   Sí ☐   No ☐

¿Mantiene contacto visual conmigo?   Sí ☐   No ☐

¿Escucha el contenido de lo que le digo? Sí ☐   No ☐

¿Se fija en mis movimientos?   Sí ☐   No ☐

¿Trata de no interrumpirme?   Sí ☐   No ☐

¿Percibe cosas aunque no se las diga?   Sí ☐   No ☐

¿Oye sin criticar?   Sí ☐   No ☐

Límites

No solamente es necesario tener claro qué es lo que queremos, también es importante comunicárselo a los que se ven involucrados en nuestras decisiones porque ¿cómo pueden los demás saber lo que queremos si es confidencial y lo mantenemos en secreto? Es muy difícil adivinar lo que alguien quiere. Esto sólo lo hacen las madres mientras los niños están pequeños, pero cuando ellos crecen y pueden expresar lo que desean abiertamente dejan de hacerlo.

Para poder ser respetados y dejar de sentirnos víctimas de las situaciones tenemos que comunicar abiertamente nuestras necesidades y cómo queremos ser tratados por los demás.

Establecer reglas y comprender las necesidades mutuas es la base para establecer buenas relaciones. Pero para poner límites necesitamos primero saber qué queremos, hasta dónde aceptamos una determinada situación o si aceptamos hacer algo que no nos gusta.

❧

Todos estos puntos los tenemos muy claros cuando tenemos una *alta autoestima* porque entonces somos capaces de expresar claramente cuál es el trato que queremos recibir y generalmente, lo hacemos de manera adecuada, haciendo coincidir nuestras palabras con nuestras acciones. Por ejemplo, si queremos que alguien nos deje de molestar debemos decírselo abiertamente y con una actitud de molestia porque si nos reímos no vamos a lograr el efecto deseado.

Además, sentimos que tenemos el derecho de decir lo que nos parece y lo que no y por lo mismo respetamos el derecho de los otros a hacer lo mismo, sin sentirnos ofendidos cuando nos niegan algo. En todo caso buscamos nuestras razones y las de los otros que dieron origen a la negativa.

Por otro lado, el problema de la *baja autoestima* es que al depender de la opinión que tienen otros de nosotros, no ponemos límites para no entrar en conflicto y no incomodar a la persona de quien dependemos. Nos vamos limitando y no decimos "no" porque lo importante es quedar bien ante los ojos de los demás, aunque a los otros ni siquiera les importe lo que hagamos.

Tratamos de acceder en todo haciendo continuas concesiones que a la larga nos frustran; la situación se convierte en algo imposible de manejar y nos hacen víctimas de lo que ocurre. Esto se hace muy evidente en los niños pequeños porque para ellos toda su seguridad radica en que los acepten. En cierta forma, tener una baja autoestima es seguir siendo niños en lo emocional.

Si tenemos una autoestima baja y no ponemos límites podemos:

- Caer en una situación donde constantemente nos sentimos víctimas
- Actuar en vez de hablar
- Fingir estar de acuerdo pero no estarlo
- Actuar de manera agresiva
- Negar que algo sucede

Caer en una situación donde constantemente nos sentimos víctimas

Nuestra cultura tiende a favorecer a las personas complacientes. Se confunde decir "no" con ser grosero, egoísta y mal

educado. Existe el temor de que una negativa pueda indicarle a los otros que no son importantes, que sus necesidades no valen para nosotros o que no valen la pena.

Esto muy fácilmente nos lleva a estar sujetos a los deseos de otras personas; a convertirnos en víctimas cuando no podemos rechazar lo que nos parece inapropiado. Entre más baja sea nuestra autoestima más estaremos en situación de víctima porque tenemos miedo de decir "no" y entonces la otra persona se ofenda y nos abandone.

Por otro lado, si es a nosotros a quien le dicen "no", sentiremos el rechazo en forma personal, aunque la negativa no tenga nada que ver con lo que nos imaginamos. Por ejemplo, si nos sentimos inseguros, nos sería difícil aceptar que alguien nos diga que no nos puede ayudar porque tiene un compromiso. Lo más seguro es que confundamos esta negativa con ser poco importantes para esa persona.

Actuar en vez de hablar

Con una baja autoestima, ante la imposibilidad de decir "no", actuamos de tal forma que el otro se dé por enterado de nuestra negativa sin necesidad de que lo digamos abiertamente. Una manera de hacer esto es decir "sí" con palabras pero con las acciones decir "no" y aceptar solamente de palabra. Por ejemplo, si un compañero nos pide ayuda en su trabajo y no queremos hacerlo, pero nos sentimos obligados a decirle que sí, podemos tardar lo suficiente como para que él busque ayuda por otro lado. Así no hacemos lo que no queremos y tampoco nos vemos en la necesidad de asumir la responsabilidad de decirle abiertamente que "no".

Fingir estar de acuerdo pero no estarlo

Es otra forma de no tomar la responsabilidad de lo que queremos y de ser complacientes con las demandas de otras personas sin poner límites. Al actuar así nos sometemos, hacemos lo que la otra persona quiere y aceptamos sólo en apariencia. De

modo que automáticamente las dos partes son víctimas de la situación, porque el que aparentemente se somete tiene el resentimiento de estar haciendo lo que el otro quiere; pero el otro a la larga también va a ser víctima del resentimiento que generó y esto se va a manifestar de una u otra manera.

Actuar de manera agresiva

Otras veces la única forma en que podemos decir que "no" es de forma violenta porque como nos da tanto miedo la reacción del otro, antes de que actúe nos expresamos de manera dura y agresiva para conseguir lo que queremos. Así, el otro se somete por miedo y nosotros evitamos cambiar nuestra decisión exponiéndonos a que puedan herir nuestros sentimientos.

El enojo que genera miedo es nuestra mejor manera de mantenernos a distancia de otras personas, ya que cuando "su majestad" el enojo aparece todos se alejan. Esta imagen de frialdad y rabia nos mantiene a salvo de mostrar debilidad y de que los demás se den cuenta de que estamos asustados y que también tenemos miedo. Seguimos el principio de "atacar antes de ser atacado".

Negar que algo sucede

Aunque los neguemos, los problemas no desaparecen. Solamente modificando nuestra actitud y poniendo límites pertinentes podremos ir haciendo algo para mejorar nuestra situación. Si no, es como si apagáramos por un momento la corriente eléctrica de una casa porque hay un corto circuito. Todo estará bien mientras mantengamos la corriente apagada, pero en el momento en que la volvamos a prender aparecerá el mismo problema eléctrico que existía antes.

Cuando tenemos *baja autoestima* uno de los principales problemas para poner límites es que *solamente tomamos en cuenta el punto de vista del otro, dándole todo el crédito y no tomando en cuenta nuestras necesidades.*

Para atrevernos a poner límites necesitamos:

- Modificar lo que siempre hemos hecho y que no nos ha funcionado.
- Liberarnos del miedo a actuar porque nos paraliza.
- Liberarnos del miedo a no ser aceptados si rechazamos algo.

- Estar seguros de cuál es la intención que tenemos cuando rechazamos algo. Dar crédito a nuestras necesidades también nos ayuda a combatir nuestros temores.
- Analizar si nuestra intención es lo suficientemente válida como para seguir adelante a pesar de los obstáculos con los que nos encontramos.

Técnica para poner límites

Para que otros sepan lo que deseamos y esperamos solamente necesitamos:

1. Pedir algo que sea realmente importante para nosotros.
2. Expresar abiertamente lo que queremos o no queremos de manera sencilla, para que la otra persona lo entienda.
3. Pensar en alguna acción que podamos llevar a cabo en caso de que no se respete el límite que definimos. Necesitamos demostrar con hechos concretos que lo que decimos es cierto.
4. Ser firmes y constantes. No necesitamos gritar ni utilizar la fuerza, sino actuar de manera que nuestras acciones respalden lo que decimos.

No necesitamos poner una gran cantidad de límites, sólo los necesarios para sentirnos bien.

Si nunca hemos puesto límites, una de las reacciones naturales cuando empecemos a hacerlo será encontrar mucha oposición y enojo por parte de los que antes fueron beneficiados con nuestra falta de límites.

Al principio las personas van a querer probar qué tan en serio estamos actuando, incluso pueden llegar a retarnos. Las primeras veces nos podemos sentir incómodos y llegar hasta el punto de que deseemos dar marcha atrás si las cosas en vez de ir mejor, empeoran.

No hay que olvidar que la constancia y congruencia son lo únicos que pueden convencer a los demás de que lo que les pedimos es lo que queremos.

Poco a poco, y entre más practiquemos, iremos reafirmando nuestro derecho a decir que no y lo haremos mejor. Cuando podamos sentirnos tranquilos al poner límites lo habremos logrado, porque tendremos la convicción de estar en lo correcto sin herir los sentimientos de los demás por nuestras decisiones. *Entonces habremos vencido al disco que nos dice que no tenemos derecho, que está mal lo que hacemos y que no podemos cambiar.*

Ejercicios:

1. Recuerda cinco situaciones en las que te pidieron algo que no querías hacer. Escribe cómo sería un comportamiento de baja autoestima (sometido o agresivo) y cómo sería uno de alta autoestima (seguro y confiado) y marca con un asterisco la respuesta que tuviste.

Qué te pidieron	Respuesta sometida o agresiva	Respuesta segura y confiada

¿Generalmente qué tipo de respuesta tienes ante las demandas de los demás?

_____

2. ¿Cuáles son los límites que son importantes para que te
sientas bien y cuáles son los obstáculos que tienes para
ponerlos?

Límites importantes	Obstáculos

¿Los límites que definiste son lo suficientemente importantes como para que trates de superar los obstáculos?

Sí ☐   No ☐

En cada uno de los límites que quieras poner trata de
analizar lo siguiente:

	Sí	No
¿Realmente es importante para mí este límite?	☐	☐
¿Me voy a sentir más seguro y más respetado después de ponerlo?	☐	☐
¿Tengo derecho a pedir lo que quiero?	☐	☐

	Sí	No
¿Estoy ignorando los derechos de alguien?	☐	☐
¿Expreso lo que deseo claramente?	☐	☐
¿Puedo poner alguna consecuencia en caso de que no se dé lo que pido?	☐	☐
¿Poner este límite me trae más problemas que beneficios?	☐	☐

Anota si es conveniente establecer ese límite y cómo te sientes al pensar en ponerlo.

Ensaya una y otra vez este procedimiento con cada límite que quieras poner. No olvides que no hay que ponerlos todos al mismo tiempo, sólo escoge los que sean realmente importantes porque como ves, es necesario reunir varios requisitos para establecerlos.

Habrá algunas situaciones que puedas pasar por alto sin que te afecten demasiado, pero ten cuidado de no hacer tantas concesiones que al final ya no te apoyes a ti mismo.

Sentimientos

A las emociones que sentimos como reacción a lo que nos acontece las llamamos sentimientos. Podemos experimentar amor, odio, alegría, dolor o tristeza, y todos ellos nos sirven para saber qué tan bien estamos en una situación; qué tan bien o mal nos sentimos con algunas personas, ante ciertas actitudes, con nuestras decisiones o con las de otros. Podemos decir que *los sentimientos son como una guía o un termómetro.*

Si nos permitimos contactarlos ellos nos pueden señalar qué es lo que es adecuado para nosotros y sobretodo, pueden ser de gran ayuda para saber cuándo necesitamos poner límites. Si los escuchamos con detenimiento vamos a saber cuando una situación ha sobrepasado lo que podemos aguantar.

Por lo general, rechazamos nuestros sentimientos porque tenemos la idea de que si los expresamos se pueden salir de control y dañar a los que nos rodean.

Hay que hacer la diferencia entre identificar y conocer los sentimientos y llevarlos a la acción. Por ejemplo, podemos sentir mucho enojo pero no por ello vamos a golpear a la persona con la que estamos enojados. Basta con estar en contacto con nuestros sentimientos en privado, aceptarlos, sacarlos para nosotros mismos y validar nuestras necesidades.

Para ponernos en contacto con ellos cuando no tenemos la costumbre de hacerlo, requerimos de un entrenamiento para despertar nuestra sensibilidad y detectarlos.

Cuando tenemos una *autoestima alta* estamos en contacto con nuestros sentimientos, los manifestamos como una expresión propia sin dañar a los demás y los utilizamos como guía para escoger lo que nos conviene.

En cambio, cuando nuestra *autoestima* es *baja* lo que hacemos con nuestros sentimientos es:

- Esconderlos
- Cambiarlos por otros
- Sacarlos de manera explosiva
- Fingir que no existen
- Rechazar todo lo que no sean vivencias positivas

Esconderlos

Estamos muy acostumbrados a no mostrar los sentimientos para no ser ridiculizados. Los tratamos como si fueran un signo de debilidad y a veces sólo nos atrevemos a expresar uno o dos. Esto lo hacemos por ejemplo, cuando negamos estar enojados después de que nos hicieron una burla que nos molestó.

Negar nuestros sentimientos se convierte en una gran trampa porque, al tratar de evitar el dolor, a la larga vamos a sufrir mucho más, tratando de taparlos y tendremos más problemas. O sea que otra vez "fue peor el remedio que la enfermedad".

Cambiarlos por otros

Como si algunos sentimientos fueran negativos y fuera vergonzoso expresarlos, nos acostumbramos a cambiarlos por otros para mostrar la imagen que queremos dar. Hemos oído incluso que en ocasiones a los niños les dicen "tú no estas triste, no puedes estar así, en esta familia todos debemos ser muy alegres" y les causan una confusión de sentimientos. Algunos podemos haber aprendido que el enojo no es bien recibido; otros, que la tristeza; en consecuencia, adquirimos la costumbre de expresar nuestras emociones de una forma inapropiada.

Después de tanto maquillarlos, nuestros sentimientos se vuelven ajenos hasta para nosotros mismos y si no los podemos reconocer como nuestros, menos podremos conectarnos con los de los demás.

Expresarlos de manera explosiva

No podemos desaparecer ni mantener escondidos los sentimientos por mucho tiempo porque se van acumulando. Son como el contenido de una olla exprés que tiende a salir con gran fuerza si se le permite una pequeña salida. Cuando se manifiestan de esta forma producen dolor porque salen de manera explosiva y sin control por el tiempo que han estado guardados.

Fingir que no existen

Negar nuestros sentimientos o fingir que no existen nos alivia momentáneamente pero puede traernos consecuencias. La energía que gastamos continuamente para aparentar que no pasa nada es un gran trabajo que nos hace sentir cansados y nos genera una tensión que puede llegar hasta a enfermarnos.

No podemos separar al cuerpo físico de lo emocional porque somos una unidad. En consecuencia, al querer protegernos del sufrimiento nuestro organismo tiene que soportar una carga pesada. Expresamos las tensiones en las diferentes partes del cuerpo, las cuales se recienten cuando esta situación se prolonga por mucho tiempo.

Rechazar todo lo que no sean vivencias positivas

Podemos rechazar cualquier sentimiento que consideremos negativo y limitar la gama de lo que sentimos y expresamos. Se puede confundir la necesidad de negar nuestros sentimientos con pensar positivamente. Por ejemplo, una persona puede rehusarse a sentir tristeza después de la pérdida de un familiar, argumentando que es mejor ver el lado positivo de la vida y negando el dolor que le ocasionó la pérdida.

Es muy diferente enfocar nuestra atención a las condiciones agradables que nos rodean, lo cual es muy positivo para mantenernos optimistas, a negar o esconder todo lo que no sea positivo.

C·▪·Ɔ

Entre todos los sentimientos existen algunos que pueden ser el motor para que cambiemos, pero que si no son manejados adecuadamente también pueden bloquear e impedir nuestro desarrollo. Estos son: el miedo, la culpa, la lástima y el enojo.

El miedo

En su aspecto positivo nos previene de peligros innecesarios porque nos ayuda a detectar situaciones de riesgo. Pero si es muy intenso, nos paraliza e impide actuar porque desencadena imágenes de situaciones negativas que ya nos han ocurrido y que prácticamente nos bloquean.

Si tenemos baja autoestima tenemos muchos miedos que nos bloquean; pero entre más alta sea ésta los miedos servirán simplemente para estar alertas.

La culpa

Es el resultado de asumir responsabilidades a las cuales nos sentimos obligados a responder.

En su aspecto positivo nos da la oportunidad de recapacitar sobre nuestras acciones para corregirlas. Con una baja autoestima no es difícil que asumamos culpas que muchas veces ni siquiera nos corresponden por la tendencia a ver a las otras personas sin defectos y asumirlas como propias. Una probable explicación de por qué hacemos esto es porque es más fácil que nosotros corrijamos lo que nos parece intolerable que aceptar que la otra persona pueda hacer algo que va en contra de la imagen que tenemos de ella. En cambio, con una alta autoestima solamente asumimos la responsabilidad de lo que nos corresponde.

La lástima

Es una manera de justificarnos para no actuar y convertirnos en víctimas: "pobrecito de mí, no puedo hacer nada". Es una máscara de nuestra fuerza que también nos puede poner en un estado de alerta sobre los aspectos que necesitamos cambiar.

La baja autoestima hace que veamos más grandes nuestros defectos y, por lo tanto, que la lástima esté siempre presente. En cambio con una autoestima alta este sentimiento se vuelve un reto cuando actuamos.

El enojo

El enojo es la señal que algo nos está molestando y hay que atenderlo porque si reflexionamos sobre lo que lo causa, obtendremos información valiosa. También es un motor que nos da fuerza para cambiarlo que nos daña.

Por otro lado, si guardamos nuestro enojo éste nos lastimará porque no nos permitirá dirigir nuestras energías hacia algo productivo. Nos mantendrá ligados negativamente a una situación haciendo girar nuestra vida alrededor de él sin poder dejarlo.

⌒⌒

Para ser libres necesitamos liberar el enojo, sacar de nuestro interior los sentimientos negativos para poder expresar aquellos que son positivos. Esto nos ayudará a valorarnos a nosotros mismos y a tener una autoestima alta.

A veces tenemos miedo de que los sentimientos disminuyan nuestra imagen ante los demás, pero estar en contacto con ellos nos trae muchas ventajas:

- No sólo no nos hacen valer menos sino que al contrario, nos fortalecen cada vez más.
- Cuando están bien dirigidos pueden constituir una gran guía, una gran fuerza y el motor que nos impulsa, pero sin ellos nos vamos a sentir vacíos y sin sentido.

> • Cuando integramos los sentimientos a nuestras vidas nos comunicamos con las personas con la totalidad de nuestro ser y podemos dar y recibir apoyo emocional.
> • Si validamos nuestros sentimientos podremos enfrentar las situaciones de una manera honesta y directa.
> • Nos permiten ser congruentes con nuestras acciones.

Ejercicios:

1. Trata de contactar tus sentimientos en diferentes momentos del día. ¿Cuáles son? Descríbelos.

   _____

   _____

   _____

   _____

   ¿Qué sentimiento encuentras más a lo largo del día?

   _____

2. ¿Hay algunos sentimientos que experimentas al mismo tiempo y que te cuesta trabajo diferenciar?

   _____

   _____

3. ¿Hay algún sentimiento que te provoca vergüenza?

   _____

   ¿Qué aprendiste en tu familia sobre ese sentimiento?

   _____

   _____

4. ¿Hay algún sentimiento inaceptable para ti?

Si existe alguno como la tristeza o el enojo, cuando estés en privado trata de experimentarlo lo más intensamente posible para examinar qué sientes. Escribe tus sensaciones.

_____

_____

_____

Si sentiste algo negativo trata de ver qué podrías cambiar para darle solución.

_____

_____

_____

5. Trata de imaginarte con la alegría y vitalidad de cuando eras niño y déjate expresarlas de la manera que prefieras. Anota lo que sentiste.

_____

_____

_____

6. Enumera tus miedos principales del 1 al 10. Verás que una vez que los conozcas los puedes manejar mejor.

1 _____

2 _____

3 _____

4 _____

5 _____

6 _____

7 _____

8 _____

9 _____

10 _____

7. Escríbele una carta a la persona con quien estás enojado pero no la mandes, es solamente para aclarar tus sentimientos. Una vez que la hayas terminado destrúyela.

8. Menciona tres situaciones en donde te dices "pobrecito de mí" y da alguna alternativa de lo que puedas hacer para cambiar estas situaciones.

Sentí lástima de mí cuando	Qué puedo hacer

9. Si te sientes mal por algo que hiciste o por alguna decisión que tomaste, solamente anótala. También escribe cuáles fueron tus razones para actuar así, las razones por las cuales no pudiste actuar de otra manera y si puedes cambiar algo para sentirte mejor.

Me sentí mal cuando…	Mis razones para actuar así	Mis razones por las que no puedo actuar de otra manera	Qué puedo cambiar para sentirme mejor

10. Ahora imagínate feliz y triunfador y escribe qué senti-mientos te provoca esto. Si es algo positivo intenta lle-varlo a cabo, si es algo negativo vuelve a hacer este ejer-cicio cuantas veces sea necesario hasta que puedas integrar esta idea a tu pensamiento.

_____

_____

_____

_____

_____

Si encontraste algún sentimiento difícil de diferenciar, que te da vergüenza o es inaceptable, solamente tienes que encontrar un momento en el que puedas estar en contacto contigo mismo y escribir lo que sientes. Puedes también comentarlo con alguna persona a la que le tengas confianza o decirlo frente a un espejo. Lo importante es expresarlo y, una vez que ha salido, dejarlo ir.

Valores

Son las creencias más profundas que tenemos en las diferentes áreas que componen nuestra vida; son las que le proporcionan sentido.

Cuando niños, adoptamos los de nuestros padres; estos valores nos ayudaron a constituir algunos de los "debería" de nuestra vida. Sin embargo, a medida que fuimos creciendo, sobretodo en la adolescencia, cuestionamos nuestros valores originales y llegamos a un sistema propio que guía nuestras acciones hacia los objetivos que tenemos. *Todos tenemos una escala de valores por la que nos guiamos y para cada quien ésta es diferente.*

Existen valores que son universales, como el respeto a la vida y la igualdad entre las personas que pueden ser muy importantes si los dirigimos hacia lo que consideramos prioritario. Otros son circunstanciales porque son adoptados en una situación de crisis y, en consecuencia, pueden cambiar si las condiciones son diferentes ya que con el tiempo llegan a perder su significado original. Por ejemplo, no es lo mismo ayudar en todo a unos niños que acaban de quedar huérfanos, que hacerlo cuando han crecido y son autosuficientes.

Pocas veces nos tomamos el tiempo necesario para ponernos a reflexionar sobre cuáles son los valores que son importantes para nosotros en este momento de nuestras vidas, cuáles queremos conservar porque son valiosos y cuáles podríamos dejar o modificar porque ya no tienen sentido en nuestra realidad actual.

Si tenemos valores claros podremos plantearnos mejor nuestros objetivos. De esta manera no sólo conoceremos *qué* camino queremos recorrer sino *cómo* lo queremos hacer. *Es muy importante ser pero también el modo de ser.*

Ejercicios:

1. Para saber cuáles son los valores que son importantes para ti, necesitas examinar cuáles son los que tienes en diferentes áreas. Escribe solamente aquellos que apoyas con tus acciones.

Área de cuidado personal

_____

_____

Área intelectual

_____

_____

Área de mis relaciones con otras personas

_____

_____

Área de mi responsabilidad social

_____

_____

Área laboral

_____

_____

Área espiritual

_____

_____

2. ¿Cuáles son los valores que son importantes para ti pero que no apoyas con tus acciones?

Área de cuidado personal

_____

Área intelectual

_____

Área de mis relaciones con otras personas

_____

Área de mi responsabilidad social

_____

Área laboral

_____

Área espiritual

_____

3. De acuerdo con los ejercicios anteriores, ¿cuáles valores deseas conservar y cuáles no tienen sentido en este momento?

Deseo conservar	No tiene sentido para mí en este momento

4. ¿Cuál es el valor que consideras que está siendo un obstáculo para que te puedas sentir bien contigo?

¿Es realmente un valor?

_____

5. ¿Cuáles son los valores de la sociedad que te hacen sentir mal pero que aceptas?

_____

_____

_____

_____

_____

6. ¿Cuáles son los valores sociales que quieres conservar?

_____

_____

_____

7. Como si estuvieras partiendo un pastel, distribuye dentro del círculo el tiempo que dedicas a cada una de tus actividades. Indica las tres que ocupan un mayor espacio. Seguramente son a las que le das un valor más alto porque "donde pones tu energía está tu interés".

1 _____

2 _____

3 _____

Habilidades personales

La mejor manera para dejar de ser víctimas y sentirnos bien con nosotros mismos es desarrollar nuestras habilidades. Necesitamos poder controlar nuestras vidas utilizándolas al máximo, sintiéndonos orgullosos de nuestro trabajo.

Nosotros vamos desarrollando nuestras habilidades desde los primeros años, y entre más pronto lo hagamos logramos una mejor destreza. El aprendizaje sigue su curso y nos va proporcionando experiencia. Si todavía no hemos empezado, cualquier momento para comenzar es bueno.

Cuando tenemos *alta autoestima* aprovechamos nuestras habilidades, las dirigimos hacia empresas que nos dan satisfacción y éstas se incrementan cada vez más.

Cuando tenemos *baja autoestima* es difícil detectar y desarrollar nuestras habilidades, simplemente porque nos imaginamos que no las tenemos o *sentimos que las que tenemos no valen.* Estos pensamientos negativos nos ponen trabas cuando imaginamos situaciones en donde somos incapaces de lograr lo que queremos. *Uno de los principales retos es llegar a valorar nuestras habilidades y utilizarlas al máximo.*

~*~

Si no estamos seguros de nosotros mismos nos ponemos trampas como éstas:

- Nos resistimos a iniciar alguna actividad
- Nos metemos en empresas demasiado difíciles
- Nos planteamos demasiadas metas
- Nos volvemos perfeccionistas
- Pensamos que todo es tan fácil que no vale la pena hacerlo

Nos resistimos a iniciar alguna actividad

 Evitamos hacer alguna actividad para no comprobar nuestra incapacidad o que se nos dificulta hacerla. Como resultado, realmente cada vez nos vemos más imposibilitados en llevarla a cabo porque nos falta experiencia. Es como el que quiere aprender a nadar pero evita meterse a una alberca porque cree que no va a poder y además no soporta la sensación de hundirse. Entre más años pasen más se le dificultará nadar y quizá tenga más experiencias negativas acumuladas por no saber hacerlo.

Cuando nos resistimos a desarrollar una actividad podemos poner muchos pretextos, como decir que no podemos hacerla tan bien como los demás, que no sabemos o que no tenemos tiempo.

Nos metemos en empresas demasiado difíciles

Una forma de comprobar que no podemos llevar a cabo algo es buscar retos en las áreas que nos cuestan más trabajo o donde no tenemos habilidades. Esto puede tomarse como una forma de buscar retos, pero en realidad lo que logramos es confirmar que no podemos hacer nada bien. Por ejemplo, si una persona tiene necesidad de trabajar pero le da miedo empezar y no se siente capaz, entonces se mete a un trabajo de ventas sabiendo que no le gusta vender y que el producto que va a promover tiene pocas posibilidades de entrar al mercado. Por consiguiente, sólo conseguirá confirmar que no sirve para trabajar y ésta será una buena excusa para ocultar su miedo.

Nos planteamos demasiadas metas

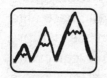 Si tenemos demasiadas metas y nuestras expectativas son demasiado altas o a muy largo plazo, seguramente no podremos cumplirlas todas y nos sentiremos frustrados. Este es el caso de una persona que quiere empezar a trabajar en un puesto alto, que desea desarrollar al mismo tiempo un negocio propio y estudiar algo para apoyar su trabajo.

Nos volvemos perfeccionistas

Cuidar cada uno de los detalles es esencial ante el temor de que nos critiquen o nos rechacen.

Esto se vuelve una obsesión que nos impide incluso iniciar lo que queremos por no poder hacerlo "perfecto", o que nos hace dejarlo sin terminar porque no tiene el nivel de calidad que deseamos. Es como cuando alguien trabaja haciendo un mueble y después de seis meses, cuando ya casi lo termina, lo deja porque se da cuenta de que no lo está haciendo perfecto.

Pensamos que todo es tan fácil que no vale la pena hacerlo

 Este es otro de los extremos con los que nos engañamos porque podemos decir que todo es demasiado fácil, que en el momento en que queramos lo podremos hacer, pero la realidad es que no lo hacemos. Todo tiene su grado de complejidad y ésta aparece cuando lo vamos realizando. Considerar que algo es muy fácil nos puede ayudar, pero no lo hará si solamente lo pensamos y no nos atrevemos a entrar en acción.

Si queremos cambiar necesitamos dar el primer paso. Seguramente al principio sentiremos mucha inseguridad, pero poco a poco la misma práctica hará que cada vez lo hagamos mejor. Nadie puede ser perfecto la primera vez que hace algo y por lo mismo, debemos ser tolerantes y acordarnos siempre de la fábula de la liebre y la tortuga. Al final el que persevera, aunque sea con pequeños pasos, gana más que el que posee mejores cualidades.

Si fracasamos podemos intentarlo otra vez. No podemos olvidar que avanzamos más cuando nos equivocamos que cuando no hacemos algo.

Nada de lo que nos digan podrá darnos el efecto y la experiencia de tener logros por nosotros mismos. *La autoestima solamente se puede mejorar a través de la vivencia de los éxitos personales.*

Ejercicios:

1. Imagina que eres un amigo tuyo que conoce tus habilidades y que te aconseja en qué las puedes aprovechar. Después marca con un asterisco lo que te gusta hacer.

Habilidades	¿En qué situaciones específicas las puedo aprovechar?

2. Menciona alguna actividad que por miedo no te hayas atrevido a hacer y cuánto tiempo la llevas evitando

Actividad:_____

Tiempo:_____

3. Menciona si estas trabajando o haciendo alguna actividad para la cual no tienes habilidades y en la que te sientes ineficiente.

_____

4. Menciona un gran reto que tengas y que no hayas podido alcanzar. ¿Cuánto tiempo llevas intentándolo y cuánto tiempo requieres para cumplir con esa meta? Piensa si es un reto o simplemente te estás demostrando que no puedes.

_____

_____

Tiempo intentándolo_____

Tiempo que requiere_____

Es un reto   Sí ☐   No ☐

Me demuestra que no puedo   Sí ☐   No ☐

5. Haz una lista de las cosas que has hecho y que te han dado satisfacción

Hasta que cumplí 10 años: _____

_____

_____

De los 11 a los 20 años:_____

_____

_____

De los 21 a los 30 años:_____

_____

_____

De los 31 a los 40 años:_____

_____

_____

De los 41 a los 50 años:_____

_____

_____

De los 51 a los 60 años:_____

_____

_____

¿De cuál de tus logros te sientes más orgulloso?

_____

6. Dedica un tiempo para imaginarte que estás logrando lo que quieres. ¿Cómo te sentiste?

_____

_____

7. ¿Qué ayuda necesitas o quién te puede ayudar a conseguir lo que quieres?

_____

_____

Dificultades para cambiar

No importa qué tantas dificultades hayamos enfrentado en nuestra vida hasta ahora y qué tan baja esté nuestra autoestima, lo importante es que si nos lo proponemos desde este momento podemos empezar a tomar el control de nuestra vida y mejorar.

Pero si lo hemos intentado muchas veces y no hemos podido, una de las principales causas es que aunque estemos en situaciones muy adversas podemos encontrar algún beneficio. Nos preguntaremos: ¿Cómo es eso? y es que incluso en las situaciones negativas encontramos algo que compensa en parte el malestar que sentimos. Por ejemplo, como consecuencia de una mala situación económica una persona pudo haberse metido en un problema serio; pero por otro lado pudo haber obtenido mucha más ayuda, atención y consideración por parte de sus amigos que cuando no tenía problemas. Si la persona tiene baja autoestima y por primera vez se siente importante, no hará nada para remediar lo que le pasó.

Una forma de ver si nos está ocurriendo alguna situación similar que nos impide cambiar es hacer un balance de las situaciones que no nos gustan en nuestra vida, examinando con detenimiento lo positivo y negativo; tratando de encontrar si existe algo que las esté compensando para mantener-  las. Seguramente, si la balanza se inclina más hacia lo negativo que a lo positivo o si se inclina totalmente hacia el lado negativo será el momento de cambiar. Éste es buen ejercicio para cada uno de los obstáculos que se nos presenten.

Los otros obstáculos que nos impiden cambiar y nos paralizan son los que revisamos con anterioridad; el miedo a la crítica y sobretodo la autocrítica que nos frenan para empezar algo o cambiar lo que no nos gusta por el temor al "qué dirán".

Ejercicios:

1. Haz un balance de lo que te ha costado trabajo cambiar y di qué ventajas y desventajas te proporcionan esas situaciones.

Situación	Ventajas	Desventajas

2. ¿Qué te decían en tu familia cuando te equivocabas?

3. ¿Qué concepto tienes de los errores?

Si hago algo mal no sirvo para nada   Sí ☐   No ☐

Me da miedo que me critiquen si me equivoco
                       Sí ☐   No ☐

Si me equivoco no me van a aceptar   Sí ☐   No ☐

4. ¿Qué es lo peor que te puede pasar si te equivocas?

PARTE 3

Pongamos en práctica lo que hemos aprendido

Los ejercicios que hemos hecho hasta ahora sirven para conocer si ha habido circunstancias por las que nuestra autoestima no se ha desarrollado completamente. A nadie le gusta estar mal, todos los esfuerzos que hacemos en un sentido o en otro siempre son para sentirnos mejor. Aun cuando nos equivoquemos estaremos haciendo algo y *lo importante es seguir intentándolo*.

Por otro lado, después de haber revisado nuestra vida y todas las partes que nos integran, ya sabemos que, si bien tenemos algunas debilidades, también tenemos muchas cualidades en las que nos podemos apoyar. Sólo nosotros decidiremos hasta dónde queremos avanzar en las áreas en donde nos hayamos detenido y crear un nuevo concepto de nosotros del cual nos podamos sentir orgullosos.

Podemos tener confianza en que nuestra intuición nos ayudará a escoger el camino por el que debemos seguir *si estamos en contacto con nosotros mismos, si conocemos a fondo nuestros sentimientos y creencias y sobre todo, si las aceptamos.*

No hay caminos buenos o malos, cada quien tiene que encontrar el suyo utilizando toda su creatividad. Si nos gusta la música es a través de ella; o de nuestros amigos, del arte, del deporte o de lo que nos guste. Lo importante es que nos volvamos a encontrar a nosotros mismos.

Nos vamos a dar cuenta de que éste es un proceso en el que, como en una pista de carreras, volveremos a pasar una y otra vez delante de los mismos obstáculos, pero cada vez que lo hagamos conoceremos mejor la ruta y estaremos más fortalecidos.

Recuerda siempre que éste es un trabajo diario y constante. Trata de imaginarte como una persona que puede lograr lo que se propone, enfrentarse a las dificultades y salir adelante.

A continuación presentamos algunas sugerencias de actividades a las que podemos recurrir para ayudarnos en este proceso. Repítelas cuantas veces sea necesario.

Seguridad

- Reúnete con los amigos o familiares que más te aprecian.
- Junta fotos de las personas que te quieren y con las que te sientes bien.
- Dedica un tiempo a la semana para planear alguna actividad que te guste.
- Regresa a algún lugar donde hayas sido feliz en tu infancia.
- Busca un lugar que te haga sentir feliz. Ve por lo menos una vez a la semana.
- Escribe en una agenda tus actividades diarias y marca con una paloma las que lograste hacer bien.
- Haz una lista con lo que necesitas para sentirte seguro cada día y conforme lo vayas logrando ve tachando lo que ya conseguiste.
- Dedica unos minutos del día a hacer alguna actividad que domines perfectamente.
- De vez en cuando come algún platillo que siempre te haya gustado.
- Cuando estés descansando escucha la música que más te guste.

- Abraza a tus seres queridos.
- Abraza algún objeto de peluche que te permita tener una sensación agradable.
- Recuerda los olores de tu infancia que te hayan gustado: de flores, perfume, jabones u otros.

Identidad

- Escribe los recuerdos más gratos que hayas tenido con tu familia, como los momentos en los que se reunían, los paseos y las fiestas.
- Escribe las vivencias más importantes que hayas tenido con las personas que más quieres.
- Junta tus calificaciones de la escuela. Si recibiste felicitaciones o premios anéxalos.
- Forma álbumes con lo que has logrado, con los recuerdos de tu vida que te puedan ir mostrando lo que te gusta hacer y lo que es más importantes para ti.
- Haz una lista solamente con los recuerdos positivos que te han sucedido en él ultimo año.
- Reúne tus colecciones.
- Guarda en una caja los objetos que más estimes y de vez en cuando vuélvelos a ver.
- Enumera los trabajos que has tenido. Escribe en cuáles te has sentido bien y por qué.
- Haz inventarios de tus intereses.
- Escoge entre tu ropa la que más te guste.
- Escoge los zapatos que más te gusten.
- Busca un peinado con el que te sientas bien.

Anota los cambios que puedes hacer para lograr la imagen que deseas actualmente:

- En lo físico:

  _____

  _____

- En tu manera de ser:

  _____

  _____

- En tu vida social:

  _____

  _____

Aceptación

🌿 Cada vez que te critiques o no te guste lo que haces **funciona como tu abogado.** Revisa y marca:

☐ Si te estás comparando con parámetros externos, con él "debería" de otras personas que no tiene nada que ver contigo.

☐ Si estás tomando en cuenta tus sentimientos.

☐ Si estás tomando en cuenta tus ideas.

☐ Si te exiges metas muy altas.

☐ Si te exiges resultados en muy poco tiempo.

☐ Si necesitas experiencia para lograr lo que quieres.

☐ Si lo que hiciste en ese momento fue lo mejor que pudiste hacer con la madurez y la información que tenías en esa etapa de tu vida.

☐ Si no haces algo porque te falta seguridad y no porque no puedes.

☐ Si con un mayor conocimiento puedes mejorar en el futuro.

☐ Si puedes corregir lo que está mal.

☐ Si lo que no cambias realmente lo quieres cambiar.

☐ Si tienes beneficios por ser como eres.

Respeto

🙏 Recuerda a alguna persona que te haya tratado con respeto, como algún familiar o maestro, y trata de actuar así con otras personas. Observa la reacción que tienen y escribe lo que observaste.

🙏 Busca una fotografía tuya y, como si fueras otra persona, pregúntate si esa persona es digna de respeto. Anota diez razones por las cuales mereces respeto.

🙏 Mírate al espejo y pregúntate ¿por qué no soy digno de respeto? Escribe si realmente crees que una persona como tú no merece respeto.

Escribe todo lo que te criticas en una columna y enfrente escribe los aspectos positivos que tienes.

🙏 Haz una lista de lo que haces y te criticas. Como si fueras tu mejor abogado, anota por lo menos cinco razones con las que te justificas en cada uno de los puntos que anotaste.

🙏 Escribe las críticas que te hacen y junto anota a que área de tu personalidad o de tu vida se circunscriben. Señala por lo menos cinco razones por las cuales la otra persona te pudo haber criticado.

🙏 Cada vez que te critiques pregúntate, ¿cuál es mi responsabilidad en eso que no acepto?

🙏 Anota en qué te criticas. Marca una paloma en donde tengas la responsabilidad y un tache en donde no.

🙏 Haz una lista de las manifestaciones de respeto que te gustaría recibir a lo largo del día de parte de las personas con las que convives.

🙏 Ve a una tienda y dirígete al empleado con respeto, observa su reacción y si te contesta de la misma forma. Anota cuál fue el cambio que sentiste en la forma en que te trató. Platica con algún niño, pregúntale algo que le interesa y observa como se dirige a ti. Anota qué fue lo que observaste.

Límites

🐾 Escribe la lista de tus objetivos para los próximos seis meses. Compara la lista de tus objetivos con las acciones que estás llevando a cabo y los límites que pones. Marca un tache en la acción o límite que no te lleva a tus objetivos y una paloma en los que sí los apoya.

🐾 Observa, en un día, qué límites te cuesta trabajo poner. Escríbelos en forma de columna y junto señala qué solución les puedes dar.

🐾 Observa qué es lo que hacen los niños cuando están en una situación que les incomoda. Anota cómo es que dicen que no a lo que no les gusta y califica con una escala de valores del uno al diez (uno menor intensidad, diez mayor intensidad) la intensidad con la que lo hacen.

🐾 Anota diez razones que le puedes decir a alguien para no aceptar algo que no quieres hacer en vez de fingir que estás de acuerdo. Toma situaciones que te hayan sucedido.

🐾 Después de observar si en lugar de poner límites te enojas, enumera las situaciones en las que esto te sucede y encuentra cómo prevenir las experiencias que te enojan antes de que se presenten, sin que esto implique una falta de respeto o de consideración a tu persona.

🐾 Haz una lista con los límites que te ponen otras personas y que tienes que respetar pero que no toman en cuenta tus necesidades.

🐾 Platícale a un amigo al que le tengas confianza y que te aprecie, qué intenciones tienes para poner los límites que escogiste y escucha sus comentarios. En una columna escribe tus intenciones y en otra los comentarios de tu amigo. Marca con una paloma cuando ambas columnas coincidan.

🐾 Platica con alguna persona que sepa poner límites y pregúntale como lo hace. Anota lo que aprendiste.

🐞 Haz una lista con los límites que te han funcionado; observa y escribe cómo los estableciste.

🐞 Cuando estés en privado, ensaya cómo puedes hablar en vez de actuar para lograr lo que quieres. Anota qué es lo que necesitas hacer para mejorar.

🐞 Ensaya varias formas de decir qué límites quieres establecer y ve cual te funciona mejor. Escríbelas para que las tengas presente.

🐞 Pon un pequeño límite, observa las reacciones que trae y anota si te sentiste rechazado por lo que dijiste.

🐞 Haz una lista con los límites que te funcionan y otra con los que no te funcionan. Cada vez que los refuerces pon una marca enfrente de cada uno. Compara el número de veces que refuerzas un límite que te funciona y las veces que refuerzas un límite que no te funciona.

🐞 Recuerda qué consecuencias te han servido a través de tu vida para aprender algo nuevo sin que te hayas sentido mal. Anota si tu utilizas alguna de esas consecuencias para hacer cumplir tus límites.

Sentimientos

🐞 Pregúntale a las personas que estuvieron cerca de ti cuando eras pequeño cómo manifestabas tus sentimientos. Anota sus comentarios y señala a qué edad lo hacías.

🐞 Busca fotografías tuyas que muestren los sentimientos que te permites expresar. Si tienes alguna pégala y debajo escribe el sentimiento que crees que estás expresando. Al final anota cuál es el que predomina.

🐞 Identifica qué partes de tu cuerpo están relacionadas con cada uno de tus sentimientos. Haz un dibujo de tu cuerpo y ubica en dónde sientes cada uno de esos sentimientos. Dónde sientes el miedo cuando aparece, la alegría, el enojo y todos los que puedas identificar.

🐚 Observa qué sentimientos expresan principalmente tus amigos. Anota el nombre de tu amigo, el sentimiento y junto escribe "sí" en caso de que te permitas expresar ese mismo sentimiento; y "no" cuando no te permitas expresarlo.

🐚 Observa a alguien a quien admiras y ve cómo expresa sus sentimientos. Escribe qué fue lo que aprendiste. Si quieres enriquecer esta experiencia haz lo mismo con más personas.

🐚 Observa qué sentimientos te genera que alguien exprese algo que tú no te atreves. Intenta en otra ocasión expresar ese mismo sentimiento en una situación similar. Anota cómo te sentiste y qué puedes aprender para la próxima vez que estés en una situación parecida.

🐚 Ensaya solo, o con alguna persona a quien le tengas confianza, la expresión de sentimientos que te cuesta trabajo manifestar. Haz este ejercicio por varios días y anota cada día cuáles fueron los progresos.

🐚 Ve a algún lugar que te produzca alegría. Escribe cómo te sentiste. Busca a lo largo de tu vida en qué ocasiones te sentiste de esa manera y anótalas.

🐚 Dibuja algo que te traiga recuerdos tristes. Abajo del dibujo escribe lo que sientes y todo lo que te gustaría decir en relación a lo que dibujaste.

🐚 Recorta algunas imágenes o frases que relaciones con el amor y haz un cuadro que te guste.

🐚 Lee alguna historia donde puedas ver cómo la gente expresa enojo. Anota en qué ocasiones surgió ese sentimiento y cómo los personajes solucionaron la situación que se las produjo.

🐚 Ve alguna película en donde los protagonistas enfrenten miedos y observa cómo los enfrentan.

🐚 Haz una lista de tus miedos. Marca con una "R" si son reales y existe una situación por la que tengas que temer y marca con una "I" si son irreales y no existe ninguna razón real por la cual temer.

🦋 Si ves en la calle a unos padres que se enojan con sus hijos trata de imaginar de qué otra forma pueden solucionar sus problemas. Anota lo que viste y la solución que propones. Entre más situaciones de este tipo observes más aprenderás.

🦋 Recuerda algún momento en el que hayas sentido lástima por alguien. ¿Qué acciones has llevado a cabo para aliviar su situación? Si has podido hacer algo por otra persona piensa qué podrías hacer por ti mismo. Escribe con letras grandes qué es lo que te puedes dar para sentirte mejor.

🦋 Describe las situaciones en las que te has sentido culpable y junto escribe las razones por las que actuaste así y si puedes remediar algo para el futuro.

🦋 ¿Qué es lo que te dices cuando tienes vergüenza? Obsérvate durante un día y anota las ocasiones en las que te sentiste así. Junto escribe con qué pensamientos puedes cambiar lo que te dices a ti mismo.

Tenemos que manifestar nuestros sentimientos, pero no es necesario externarlos hiriendo a otras personas. Escribe, escribe y escribe, eso te ayudará a entender lo que sientes, después puedes destruir lo que escribiste y volver a empezar. Tus sentimientos son tu guía. Si no se te facilita escribir puedes hablar con un interlocutor real o imaginario, lo importante es que te escuches a ti mismo y tengas claridad en lo que te sucede.

Valores

🦋 Haz una lista con los valores de tus padres o de las personas más allegadas a ti en tu infancia. Descríbelos a cada uno por separado.

🦋 ¿De cuáles de tus cualidades se sintió orgullosa tu familia? Escribe cuáles fueron y en qué momento de tu vida te las hicieron notar.

🦋 ¿Qué dichos se decían en tu familia? Anótalos para que puedas reflexionar sobre cada uno de ellos. Después escribe qué te enseña cada uno. Al final, con todos ellos, saca una conclusión de qué fue lo que te enseñaron como valores en tu familia.

🦋 ¿Qué se valoraba en tu escuela? Anótalo por orden de importancia. Si estuviste en varias escuelas describe cada una por separado. Al final saca una conclusión acerca de los valores que aprendiste y analiza si eran congruentes con lo que te enseñaban en tu casa.

🦋 Anota cuáles eran tus valores en la adolescencia y marca con una paloma los que todavía respaldas con tus acciones.

🦋 Haz una lista de diez valores universales y ordénala de acuerdo a lo que te parece más importante.

🦋 Haz una lista de cinco valores que hayas adoptado en una situación de crisis. Describe cuál fue la situación y por qué los adoptaste. Marca con una paloma si esa situación de crisis continúa y con un tache si ya no existe.

🦋 Haz una lista de los valores que tienen tus amigos más cercanos y subraya los que sean iguales a los tuyos.

🦋 Haz una lista de los valores que tienen tus amigos más cercanos y subraya los que no coinciden con los tuyos. Analiza si te causan algún conflicto.

🦋 Analiza los valores que transmiten los programas que te gustan o las películas que ves. Escribe por separado los valores que consideras positivos y los que consideras negativos y haz un balance de ellos para saber cuáles predominan.

🦋 Haz una lista de los valores que quieres conservar para lograr tus metas. Después, haz otra igual para que puedas verla continuamente y tengas acceso a ella.

Habilidades personales

🐚 ¿Qué habilidades tenías cuando eras niño? Si no las recuerdas pregúntale a las personas que te conocieron. Anótalas y no olvides poner la edad que tenías.

🐚 Si todavía tienes algún amigo de la escuela pregúntale con qué habilidades te recuerda. Si no lo tienes busca algún diploma, comentario o felicitación y anota qué encontraste y el sentimiento que esto te provoca.

🐚 Si tienes fotos en donde estés realizando alguna actividad que te gusta, colócalas en algún lugar donde las puedas ver. Si te parece que alguna es muy representativa, pégala en donde la puedas lucir.

🐚 Reúne los premios que hayas obtenido en un lugar donde los puedas mostrar. Haz una lista de todo lo que has ganado, por pequeño que sea.

🐚 Haz una lista de lo que has aprendido en los últimos años y que puedas utilizar en tu trabajo.

🐚 Pregunta a tus amigos más cercanos cuáles son las habilidades que piensan que tienes. Anótalas y circula las que nunca te habías imaginado tener o que no pensabas que otros podían apreciar.

🐚 ¿Por qué te distingues en tu trabajo? Si no logras encontrar ninguna cualidad por la que te distingues, pregunta a tus compañeros. Anota lo que te dijeron y cómo te hizo sentir el hecho de oír esas nuevas cualidades tuyas.

🐚 Si no aplicas tus habilidades en tu trabajo haz una lista con por lo menos tres alternativas de en dónde las podrías utilizar. También anota si en otras épocas de tu vida las has podido manifestar y cómo te has sentido.

🐚 Si realizas alguna actividad que te guste hacer en tus ratos libres compártela reuniéndote con personas que tengan gustos afines. Escribe brevemente cuál es tu pasatiempo favorito y qué es lo que te gusta de él.

&. Haz una lista de tus habilidades comenzando por aquellas en las que crees tener más destreza.

&. Escribe un cuento con un personaje que tenga tus habilidades y haz que pueda enfrentar muchas dificultades y logre muchas metas.

&. Busca a alguna persona que conozca algún proyecto que hayas dejado sin terminar y pregúntale su opinión sobre qué hubieras podido hacer para seguir adelante. En caso de que no tengas ninguno, solamente escribe tus proyectos y qué es lo que té falta para emprenderlos.

&. Planea tus metas a corto y largo plazo. Si son muy extensas las va a tener que dividir en pequeños pasos para lograr lo que te propones. De esta forma les podrás dar más tiempo.

&. Escribe y planea tus metas en los cuadros que aparecen en las páginas siguientes.

¿Qué metas te puedes plantear a corto plazo?		
Tiempo	Metas	Pasos para lograr mis metas
1 mes		
3 meses		
6 meses		
9 meses		

¿Qué metas te puedes plantear a largo plazo?		
Tiempo	Metas	Pasos para lograr mis metas
1 año		
2 años		
5 años		

❧ Las metas que te propones:

¿Son demasiadas? Sí ☐ No ☐

¿Las puedo cumplir en el tiempo
propuesto? Sí ☐ No ☐

¿Me estoy exigiendo demasiado? Sí ☐ No ☐

❧ ¿Qué otras alternativas tienes si no funciona lo que te propones?

1. _____

2. _____

3. _____

4. _____

5. _____

Los ejercicios que hemos realizado hasta este momento tienen como finalidad llevarnos poco a poco a desarrollar diferentes áreas de nuestra persona. No trates de cambiar todo al
mismo tiempo. Recuerda que es un proceso que tienes que ir
viviendo y asimilando; sobre todo, que es para que te sientas
mejor.

Recuerda: Si sientes que el material con el que estás trabajando te genera mucha inquietud, te hace estar en situaciones que no puedes manejar o si quieres profundizar en su
contenido consulta a un especialista para que te asista en
este proceso.

Bibliografía

Coopersmith, Stanley, *The antecedents of self-esteem,* Consulting Psychologists Press, 1981.

Coopersmith, Stanley, *Developing Motivation in young Children,* Consulting Psychologists Press, 1975.

Field, Lynda, *Creating Self-Esteem,* Element, 1993.

Reasoner, Robert W., *Building Sel-Esteem,* Consulting Psychologists Press, 1982.

Reasoner, Robert W., *Parent's guide,* Consulting Psychologists Press, 1982.

Reasoner, Robert W., *Building Self-Esteem,* Consulting Psychologists Press, 1982.

Seligman, Martin E.P., *Indefension,* Debate, Madrid, 1983.

Verduzco A. I., Ma. A. y García Rivas, S., "Programa de Apoyo en el área de autoestima para padres de niños con trastornos de atención", en *Revista de Salud Mental,* vol. 12, junio de 1989.

Wells L., Edward y Marwell, Gerald, *Self-Esteem,* Sage Publications, 1976.

Esta obra se terminó de imprimir
en octubre de 2005, en los talleres de
IREMA, S.A. de C.V.
Oculistas No. 43, Col. Sifón
C.P. 09400, Iztapalapa, D.F.